智能风控与反欺诈

体系、算法与实践

蔡主希 著

INTELLIGENT RISK CONTROL AND ANTI-FRAUD
Systems, Algorithms and Practices

图书在版编目（CIP）数据

智能风控与反欺诈：体系、算法与实践 / 蔡主希著 . -- 北京：机械工业出版社，2021.3
（2025.1 重印）
ISBN 978-7-111-67625-6

I. ① 智… Ⅱ. ① 蔡… Ⅲ. ① 互联网络 – 应用 – 金融风险 – 风险管理 – 研究 ② 互联网络 – 金融诈骗罪 – 研究 – 中国　Ⅳ. ① F830.9 ② D924.334

中国版本图书馆 CIP 数据核字（2021）第 035663 号

智能风控与反欺诈：体系、算法与实践

出版发行：机械工业出版社（北京市西城区百万庄大街 22 号　邮政编码：100037）	
责任编辑：朱　巍　栾传龙	责任校对：马荣敏
印　　刷：北京捷迅佳彩印刷有限公司	版　　次：2025 年 1 月第 1 版第 5 次印刷
开　　本：186mm×240mm　1/16	印　　张：13.25
书　　号：ISBN 978-7-111-67625-6	定　　价：89.00 元

客服电话：(010) 88361066　68326294

版权所有·侵权必究
封底无防伪标均为盗版

Foreword 推 荐 序

金融科技是以大数据、人工智能、区块链等为代表的新一代信息技术最重要的应用场景之一，而智能风控与反欺诈又是金融科技的核心。经过最近几年的发展，金融科技在概念上已经被广泛接受，但在具体实践中仍然困难重重。其中最根本的原因是金融科技是一项系统工程。技术是必要的基础，但业务、体制机制、商业模式等也是不可或缺的。

蔡主希的这本书最大的优点就是它从实际案例出发，系统地讨论了智能风控和反欺诈在业务、技术、体制机制、推广模式等各个方面的主要问题和解决方案。它不是一本高高在上的技术书，而是一本全方位地指导我们如何让金融科技落地的基础教材。

在这本书的背后，我看到的是"成熟"二字。我还清晰地记得蔡主希刚刚走出校门来到北京大数据研究院工作时的情景。短短几年，看到他从一个只有书本知识的学生成长为一个金融科技领域的专家，并能够写出这样的书来，我感到非常欣慰。还记得为了落实某银行的一个项目，他扎根当地两个月，夜以继日地工作，阅读了所有能够看到的（手写）资料，系统研究了相关的业务。这样的经历使他对银行的借贷和风控有了一个整体的了解。这也是他能够写出这本书的基础。

大数据和人工智能的落地是一个非常繁杂、艰难的过程，需要很多像蔡主希一样的年轻人参与，也需要像《智能风控与反欺诈：体系、算法与实践》一样的书的指导。

中国科学院院士，普林斯顿大学教授，北京大数据研究院院长

鄂维南

前　言 Preface

为何写作本书

互联网金融是中国金融行业数字化升级的产物。2020年监管部门出台了一系列举措，标志着这个行业从成长期正式步入成熟期。互联网金融机构的快速发展离不开依托于大数据和机器学习的风控及反欺诈能力，这些风险管理能力帮助机构在过去十年通过信贷业务赚取了利润，也是未来十年各机构开展金融科技业务的核心竞争力。

笔者有幸于毕业后进入互联网金融行业，在北京大数据研究院和头部互联网公司有过丰富的项目经验，与传统金融机构的业务人员也有过较多接触。在实际工作及与同行交流的过程中，笔者发现这个行业内还是存在一些信息不对称的问题：传统金融机构（包括银行、消费金融公司、信托等）的业务人员仍然习惯于接受传统评分卡那一套风控理念，对于"黑箱"的机器学习模型存在较多质疑；而互联网公司的建模人员往往过于注重算法的性能优化，却忽略了其与线上风控策略和信贷场景的结合。笔者也调研了市面上与风控相关的图书，多数图书专注于评分卡或者智能风控的单一方面，缺乏将两者有机结合的资料，这使得刚入行的新人很难对整个行业有一个完整的认知。与此同时，业务人员和技术人员对风控的理解也存在鸿沟。

笔者撰写本书，一方面是想降低整个信贷风控行业的门槛，帮助更多对此感兴趣的学生快速了解并加入这个行业；另一方面是想帮助各大公司的业务人员和技术人员拉齐彼此对于风控的认知，提高合作效率，促进整个金融行业的科技化转型。当然，笔者并不鼓励读者去互联网平台借贷，希望读者可以提高风险意识，谨慎操作，远离不法贷款平台。

本书读者对象

本书主要面向信贷风控行业的广大业务人员、策略分析师、数据分析师、算法工程师以及对互联网金融和智能风控、反欺诈感兴趣的读者。

如何阅读本书

本书集合了目前互联网金融行业风控方面的业务和技术内容，辅以项目案例和代码实现，力求帮助读者通过一本书了解智能风控和反欺诈技术的全貌。

第 1 ~ 3 章涵盖风控业务的基础知识，主要介绍了什么是信用风险和欺诈风险，传统风险管理体系中搭建评分卡的思路，以及智能风控时代下大数据平台、决策引擎和智能模型的技术框架。这一部分普及了风控中的一些常见术语，可帮助技术人员更深入地了解风控决策的整个过程。对传统金融机构风险管理体系感兴趣的读者，可以进一步阅读业界大咖陈建老师、乔杨老师的书。

第 4 ~ 6 章介绍智能风控模型中常见的数据源和算法，其中数学原理和公式较多，适合想了解更多模型知识的业务人员以及想从事建模工作的读者。由于篇幅有限，笔者只选取了与风控和反欺诈场景相关的算法，很多公式的推导和求解过程并没有详细展开。想了解更多机器学习和深度学习算法的读者，可以进一步学习周志华老师、李航老师以及 Ian Goodfellow 等人的著作。

第 7 ~ 9 章讲解笔者参与过的风控和反欺诈的实战项目，希望帮助读者通过实际案例更好地将风控理念和建模技术融会贯通，缺乏项目经验的读者可以重点关注这部分内容。如果还想了解更多风控算法的 Python 代码实现，可以关注梅子行老师的书。

第10章是行业内金融科技的头部玩家解析和案例介绍，可帮助读者初步了解智能风控和反欺诈在未来十年的应用方向。金融科技目前在国内仍然处于探索阶段，市面上还没有系统介绍这方面知识的图书，感兴趣的读者可以关注相关头部公司或者权威媒体的宣传账号，紧跟行业动向。

资源与勘误

笔者在写作过程中参考了市面上已有的许多图书、论文和权威媒体文章，力争书中的每一处内容都是有据可循的。但由于笔者水平有限，书中难免会存在一些错误和疏漏，欢迎各位读者和专家批评指正。如果有任何关于本书的意见或建议，欢迎发送邮件到 yfc@hz.cmpbook.com。

致谢

首先感谢机械工业出版社的杨福川老师和朱巍老师，以及其他为本书出版做出贡献的工作人员。没有各位的耐心解答和专业指导，我一定没有办法顺利完成这本书的写作工作。

其次感谢北京大数据研究院、京东数科、滴滴金融（按照入职时间顺序）以及其他合作公司的领导和同事。本书中的很多风控理念和建模思想，都源自与业内各位专家的交流，感谢同人们为中国金融行业数字化升级做出的贡献。

最后要感谢我新婚的妻子陪伴我度过无数个码字的午夜和周末，默默地支持我完成整本书的创作。在繁忙的工作之余还要利用休息时间写书是一件很困难的事情，有她的鼓励我才得以坚持下来。

Contents 目 录

推荐序
前　言

第1章　互联网金融与风险管理 ········· 1
1.1　互联网金融的发展和现状 ········· 1
1.2　风险管理类型划分 ········· 2
1.2.1　欺诈风险 ········· 4
1.2.2　信用风险 ········· 6
1.3　风险管理的重要性 ········· 10
1.3.1　风险评估 ········· 10
1.3.2　差异化定价 ········· 12
1.3.3　整体利润最优 ········· 13
1.4　本章小结 ········· 14

第2章　传统风险管理体系 ········· 15
2.1　人工审核 ········· 15
2.1.1　纸质材料评估 ········· 16
2.1.2　电话回访 ········· 16
2.1.3　线下走访尽调 ········· 17
2.2　专家模型 ········· 17
2.2.1　业务规则库 ········· 17

  2.2.2 专家调查权重法 ·············· 18
  2.2.3 熵权法 ··················· 19
 2.3 评分卡模型 ··················· 21
  2.3.1 目标定义 ·················· 21
  2.3.2 样本选取 ·················· 23
  2.3.3 变量分箱 ·················· 24
  2.3.4 变量筛选 ·················· 24
  2.3.5 模型建立 ·················· 29
  2.3.6 模型评估 ·················· 30
  2.3.7 模型应用 ·················· 33
 2.4 传统方法的问题和挑战 ············· 34
 2.5 本章小结 ···················· 35

第3章 智能风控模型体系 ············ 36

 3.1 大数据平台 ··················· 36
  3.1.1 原始数据清洗 ··············· 37
  3.1.2 数据仓库管理 ··············· 37
  3.1.3 数据标签应用 ··············· 38
 3.2 决策引擎 ···················· 38
  3.2.1 规则配置 ·················· 39
  3.2.2 模型部署 ·················· 40
  3.2.3 冠军挑战者 ················ 41
  3.2.4 版本和权限管理 ·············· 42
 3.3 智能反欺诈模型 ················· 42
  3.3.1 无监督学习 ················ 43
  3.3.2 图计算 ··················· 44
 3.4 智能信用风险模型 ················ 45
  3.4.1 专家模型 ·················· 45
  3.4.2 逻辑回归 ·················· 46
  3.4.3 决策树 ··················· 46

3.4.4　集成树 ··· 47
　　　3.4.5　深度神经网络 ··· 47
　　　3.4.6　循环神经网络 ··· 48
　3.5　智能模型带来的提升 ··· 48
　　　3.5.1　数据广度和深度 ··· 48
　　　3.5.2　模型快速迭代和主动学习 ··· 49
　　　3.5.3　线上自动决策 ··· 49
　3.6　统计学与机器学习 ·· 49
　3.7　本章小结 ··· 50

第4章　风控大数据体系 ··· 51

　4.1　数据源类型 ·· 51
　　　4.1.1　征信报告 ··· 52
　　　4.1.2　消费能力 ··· 54
　　　4.1.3　资产状况 ··· 54
　　　4.1.4　基本信息 ··· 54
　　　4.1.5　黑名单 ·· 55
　　　4.1.6　多头借贷 ··· 55
　　　4.1.7　运营商 ·· 56
　　　4.1.8　地理位置 ··· 56
　　　4.1.9　设备属性 ··· 57
　　　4.1.10　操作行为 ··· 57
　4.2　特征工程方法 ··· 57
　　　4.2.1　统计量 ·· 58
　　　4.2.2　离散化 ·· 58
　　　4.2.3　时间周期趋势 ··· 59
　　　4.2.4　交叉项 ·· 59
　　　4.2.5　隐性特征 ··· 60
　　　4.2.6　用户画像 ··· 61
　4.3　数据测试与应用 ·· 61

4.3.1 联合建模机制 ········· 61
4.3.2 数据质量评估 ········· 62
4.3.3 线上应用 ············ 63
4.4 数据安全合规 ············ 63
4.5 本章小结 ··············· 64

第5章 智能风控中的常用算法 ··· 68
5.1 有监督学习 ············· 68
5.1.1 逻辑回归 ············ 69
5.1.2 决策树 ············· 70
5.1.3 随机森林 ············ 73
5.1.4 梯度提升决策树 ········ 74
5.2 无监督学习 ············· 76
5.2.1 聚类 ··············· 76
5.2.2 孤立森林 ············ 79
5.3 深度学习 ··············· 80
5.3.1 深度神经网络 ········· 80
5.3.2 循环神经网络 ········· 83
5.3.3 词嵌入 ············· 86
5.3.4 自编码器 ············ 88
5.3.5 迁移学习 ············ 89
5.4 图计算 ················ 91
5.4.1 社区发现 ············ 91
5.4.2 标签传播 ············ 92
5.4.3 图嵌入 ············· 93
5.5 强化学习 ··············· 97
5.6 本章小结 ··············· 99

第6章 智能模型训练流程 ······ 101
6.1 数据清洗 ··············· 101

	6.1.1 缺失值处理	102
	6.1.2 异常值处理	103
	6.1.3 重复值处理	105
	6.1.4 一致性检验	105
	6.1.5 有效性检验	106
6.2	特征工程和特征筛选	107
	6.2.1 探索性数据分析	107
	6.2.2 稳定性	108
	6.2.3 重要性	109
	6.2.4 相关性	110
	6.2.5 解释性	111
6.3	模型训练	111
6.4	模型部署	114
6.5	监控预警	114
6.6	本章小结	119

第7章 反欺诈案例 120

7.1	案例背景	120
7.2	原始数据介绍	120
7.3	探索性数据分析	121
	7.3.1 交易笔数	121
	7.3.2 交易时间	122
	7.3.3 交易类型	123
	7.3.4 交易 IP 地址	124
7.4	特征工程	124
	7.4.1 特征加工	124
	7.4.2 特征筛选	130
	7.4.3 特征分组	130
7.5	模型训练	131
7.6	模型评估	134

  7.7 案例优化 136

  7.8 本章小结 137

第 8 章 个人信贷风控案例 138

  8.1 案例背景 138

  8.2 原始数据介绍 139

  8.3 特征工程 139

  8.4 探索性数据分析 142

  8.5 模型训练 144

    8.5.1 逻辑回归 144

    8.5.2 XGBoost 150

    8.5.3 Wide&Deep 158

  8.6 模型评估 162

  8.7 模型应用 168

  8.8 案例优化 169

  8.9 本章小结 170

第 9 章 企业信贷风控案例 171

  9.1 银行 POS 贷 171

    9.1.1 案例背景 171

    9.1.2 原始数据介绍 172

    9.1.3 特征工程 173

    9.1.4 模型训练 173

    9.1.5 模型应用 176

  9.2 汽车金融 CP 评级 178

    9.2.1 案例背景 178

    9.2.2 原始数据 & 特征工程 179

    9.2.3 模型训练 179

    9.2.4 模型评估 181

  9.3 案例优化 182

9.4 本章小结 …… 183

第10章 智能风控能力对外输出 …… 184

10.1 对外输出的意义 …… 184
10.1.1 内部能力"走出去" …… 185
10.1.2 外部资源"引进来" …… 185

10.2 头部玩家介绍 …… 186
10.2.1 互联网公司 …… 186
10.2.2 银行科技子公司 …… 189
10.2.3 第三方技术提供商 …… 190

10.3 合作模式及案例 …… 191
10.3.1 SaaS + 本地化模式 …… 192
10.3.2 对外输出案例 …… 193

10.4 金融科技创新与监管 …… 195

10.5 本章小结 …… 197

第 1 章　Chapter 1

互联网金融与风险管理

互联网金融是传统金融业务与新兴互联网技术结合的一个交叉领域，例如互联网公司开展的金融业务，或者金融机构的线上化服务，都属于互联网金融的范畴。与传统金融行业的线下模式相比，互联网金融以网络和通信技术为载体，受众群体更广，辐射场景更多，服务效率更高，符合"普惠金融"的核心理念。然而在互联网金融业务的开展过程中，由于机构人员与客户并没有实际接触，因此金融风险无处不在。在此背景下，依托于大数据和机器学习的智能风控与反欺诈技术应运而生，为互联网金融行业的健康发展锦上添花。第 1 章将先介绍互联网金融行业及其场景下风险管理的背景内容，更多智能风控与反欺诈的细节和案例将在后面的章节中展开。

1.1　互联网金融的发展和现状

广义的互联网金融（简称"互金"）包括互联网贷款、第三方支付、众筹、数字货币、网上银行等多种商业模式。其中互联网贷款无疑是起步最早且体量最大的一个场景，截止到 2018 年末，我国互联网贷款余额超万亿，覆盖了上百家金融机构。

可以说国内互联网金融的发展史也是互联网贷款的兴衰史。

国内互联网贷款起源于 2007 年,当时的背景是中国经济发展达到了一个新高度,消费金融、小微金融需求空前旺盛;同年 11 月阿里巴巴在港交所上市,标志着国内互联网行业已经初具规模。在此基础上,2007 年 6 月阿里巴巴与建行推出了"e 贷通"产品,被视为互联网贷款的雏形;2007 年 7 月国内第一家 P2P 平台拍拍贷在上海注册成立,标志着 P2P 行业的开端。

2008 年~2014 年是互联网贷款的发展阶段。首先是政策上的扶持,小贷牌照被下放到地方的金融机构,省级金融办拥有最终的批复权,大大降低了机构的准入门槛。其间,头部的互联网公司如阿里、腾讯、京东等纷纷成立小贷公司,杀入互联网金融行业。其次,P2P 业务蓬勃发展,不少 P2P 公司考虑到合规的需求也申请了小贷牌照。这两方面因素促使国内小贷公司数量在那几年快速增长。

2015 年~2018 年,随着"助贷"模式的兴起,互联网贷款行业进入井喷阶段。2015 年两款标志性的贷款产品"蚂蚁花呗"和"微粒贷"正式上线,连接了银行的资金和互联网公司的流量,也点燃了整个市场的热情。在这个阶段,国内小贷公司累计超过 8000 家,互联网贷款余额进入万亿规模。

随着 2016 年《网络借贷信息中介机构业务活动管理暂行办法》(即我们常说的"P2P 管理办法")、2019 年《数据安全管理办法》、2020 年《商业银行互联网贷款管理办法》等规定相继出台,国内的互联网贷款行业逐步告别高杠杆、高风险的野蛮扩张时期,转而进入风险可控的健康发展阶段。在强调合规的现状下,银保监会对于各家互联网金融机构的风险管理能力提出了更高的要求,大数据、机器学习等金融科技技术必然会在互联网贷款发展的下一个阶段扮演更加重要的角色。

1.2 风险管理类型划分

互联网金融行业中的风险主要可以分为两类:欺诈风险和信用风险。

这两类风险产生的原因和背后的规律存在一定差异，因此需要风控人员采用不同的手段去甄别和预防。然而，这两类风险都会造成贷款的逾期和不良，轻则对于金融机构造成经济上的损失，重则引发严重的品牌和舆论危机，金融机构将陷于难以挽回的境地。

欺诈风险是指借款人带着欺诈的目的来申请贷款，资金被成功获取后再难收回。这是信贷场景中危害较大的一类风险，占比较低，但是必须严格防范。另外，欺诈风险存在专业性、团体性、变化性等特质，互联网金融行业的快速发展催生了一大批"羊毛党"和"黑中介"，他们通常拥有专业的欺诈技术，并且以团伙形式出现，不断攻击着各个平台的风控漏洞，长期考验着风控人员博弈的能力。

欺诈风险多发生在贷款的申请和支用阶段，由于手段样式繁多，目前业界对欺诈风险并没有明确的类型划分。笔者结合自身业务经验，将欺诈风险从如下三个角度进行分类：

- 从欺诈意愿上分为第一方和第三方；
- 从欺诈主体上分为账户级和交易级；
- 从欺诈组织上分为个人和团伙。

信用风险则是信贷场景中另一类较为常见的风险，与欺诈风险相比，信用风险出现频率更高，是贷款逾期和不良的最主要因素。个体的信用通常可以从还款意愿和还款能力这两个方面来衡量，一个信用良好的借款人一定是同时具有较强还款意愿和较高还款能力的人。深究信用风险的产生，主要还是个体的信用状况与平台方授予的额度、利率不匹配所导致的，并且由于个体信用会随着贷款的不同阶段而发生变化，因此对于信用风险的管理必定是贯穿准入、贷前、贷中、贷后整个贷款的生命周期。

欺诈风险和信用风险管理环节的组合顺序如图1-1所示，在风险可控的前提下，尽量提升各个环节之间的转化率。

图 1-1 欺诈风险和信用风险管理流程

1.2.1 欺诈风险

1. 第一方和第三方

所谓第一方欺诈,是指借款人主动发起的欺诈行为;相对的,第三方欺诈是指借款人在身份被冒用或者账户被盗用的情况下,被动发生的欺诈行为。第三方欺诈的排除是客户进入申请或者支用流程后需要进行的第一步工作,因为只有确认了本人操作,后续其他的欺诈风险和信用风险识别才有意义。对于第三方欺诈的识别,目前各大金融机构普遍采用四要素验证(姓名、身份证、手机号、银行卡号)和活体识别这两个技术手段,有效遏制了非本人操作行为的发生。但是,对于中介申请或者电信诈骗,由于借款人是在欺诈分子诱导下进行的本人操作,单纯利用四要素验证或者活体识别并不能很好地进行判断,因而还需要加入其他反欺诈策略,进一步提高召回率。

相较于第三方欺诈,第一方欺诈隐蔽性更强,并且手段灵活多变,提高了风控人员的工作难度,目前业界常用的手段是针对首支首逾和"羊毛党"这两类特定客群进行识别。

首支首逾是指借款人在首次支用后的首个还款日逾期的行为,如果逾期时间较长,则会被机构认定为欺诈客群。首支首逾率通常是各个机构考核反欺诈人员的重要指标，搭建针对性的模型和策略方案，是反欺诈人员的工作重点之一。

还有一类常见的第一方欺诈是"羊毛党"，"羊毛党"分子通过非法手段获取个人信息，注册虚假账户，用来"薅取"互联网金融机构发放的现金券、礼品券等，让机构受损失。对于"羊毛党"，可以从设备指纹、地理位置、WiFi MAC 地址、注册时间这几个方面来识别，找出批量操作的客群。

2. 账户级和交易级

区分了欺诈风险发生的意愿后，下一步需要确定欺诈的主体，进而制定不同的管控策略。例如首支首逾、"羊毛党"等第一方欺诈案件，在核实无误的情况下，可以将账户或者设备拉入黑名单，杜绝该账户或者设备之后发生的任何申请和支用行为。利用首支首逾的历史样本，还可以搭建离线的欺诈评分模型，定期在全量账户上进行批量预测，对于分数较低的账户可以提前预警或者冻结。

而对于中介申请、电信诈骗这类第三方欺诈案件，以及"羊毛党"等通过单一账户属性难以识别的第一方欺诈案件，则需要实时采集客户每笔交易的地理位置、设备属性和操作行为等数据，在保证拦截率的情况下尽可能提高召回率。交易级的实时模型和策略对于机构系统的实时采集和计算能力是个比较大的考验，但是只有真正具备了这一能力，机构才能更好地应对层出不穷的欺诈手段。

3. 个人和团伙

常见的欺诈类型从组织上又可以分为个人和团伙两种。传统的反欺诈策略和模型多针对个人案件，而团伙案件一直是反欺诈人员比较头疼的问题。为了解决这一痛点，关联图谱被逐渐应用到团伙反欺诈的场景中。关联图谱基于客户的身份证、手机号、银行卡号、设备指纹、地理位置、WiFi MAC 地址等属性，构建客户与客户之间的关系，从个人欺诈出发，深挖背后的团伙组织。关联图谱的应用方式有很多，简单的可以直接制定规则，提取客户之间的聚集度，识别中介申请和"羊毛党"；复杂的可以利用社区发现和标签传播等算法，智能地划分团伙并且量化个人的潜在欺诈风险。

总的来说，目前在欺诈风险领域，有标签的数据量很少，导致机构对于欺诈案件的感知较为被动，人工调查多集中在事后，已经造成的损失难以追回。不过随着反欺诈技术的进步，例如样本增强、无监督学习等智能算法已经被投入实际业务场景中，使得机构对于欺诈分子的识别更加主动，客户的个人信息和财产也得到了更全面的保护。

1.2.2 信用风险

1. 白名单准入

白名单是信用风险管理的第一道门槛，与整个平台贷款产品的设计和定位有紧密的联系。白名单设立的初衷是圈定目标客户，有了目标客群之后才能更好地进行精准营销，并且使得后续的风控流程利润最大化。同时在贷款产品上线初期，由于缺乏足够的数据积累，难以搭建完善的风控模型，因此白名单也是冷启动阶段较为常见的一种风控手段。白名单的制定通常会从政策要求、风控能力和客户画像 3 个方面考虑。

首先，政策要求是重中之重，监管部门的相关政策是每个金融从业人员应该守住的底线，在互联网金融机构的信贷业务中，年龄和定价是两根红线。2017 年年底出台的《关于规范整治"现金贷"业务的通知》，明确要求金融机构不得为在校学生提供借贷撮合业务，因此目前银行和大型互联网金融机构大多将 22 岁作为年龄的准入门槛。而对于 60 岁以上的客户，由于存在较大的不确定性和社会道德压力，一般也会被准入规则排除在外。对于定价，监管条例中规定，现金贷产品的综合年化利率不得超过 36%，因此对于前期测算综合成本有可能超过 36% 的客群，也不应当纳入白名单中。

其次，作为风险管理的一部分，风控能力自然是影响白名单制定的重要因素。与后面的几个信用风控环节相比，白名单部分侧重于硬规则的制定，触碰硬规则的客群由于存在重大风险隐患，也会被风控人员排除在外。例如，大多数平台都会将注册时长和活跃度这两个因素放到准入规则中，理由是如果借款人在平台的注册时间过短或者活跃度过低，一方面平台方无法判断借款人是否是为了骗贷而特意注册开户的，另一方面这类客户在平台侧的数据量太少，给风控模型的信用判断造成了极大困难，因而不被白名单所接受。

最后是客户画像，客户画像规则通常与贷款产品关注的人群有关。对于纯粹的现金贷产品，由于此类产品适用于大多数人群，在白名单中可以不考虑特定的客户画像指标。但是，对于具有特定场景和人群的贷款产品，例如教育分期、医美分期、滴滴司机贷等，抓住这些指向性客群背后的信用规律，并且归纳成规则放入白名单准入环节中，可以大大降低风险，提升产品的运营效率。

另外，白名单的制定不宜过于严格，随着数据和风控能力的逐步提升，白名单的准入策略应该逐步放开，转而更信任之后的贷前识别和贷中管理，这样才能向着全流量风控运营的大方向进发。

2. 贷前识别

贷前识别是整个信用风险管理中最重要的一个环节，一套良好的贷前识别体系能够规避 70% 以上的潜在风险。同时，贷前识别环节具有客户触达人数多、数据维度丰富、信用风险存在规律性等先天优势，是大数据风控模型应用最为成熟的一个模块。如本节开头所述，信用主要包含还款意愿和还款能力这两个方面，大多数信用风险的出现都是由于平台授予的贷款额度与客户这两方面情况不匹配所造成的。因此基于客户申请授信环节准确的信用评估，并且给出最合理的额度和利率，是风控从业者永恒的话题。

对于还款意愿的衡量，行业内通常的做法是搭建申请评分卡（Application Card）。申请评分卡是在有一定存量客户和风险表现的基础上，将客户申请时的多维指标和未来一段时间内是否发生逾期建立关系，从而实现对于新增客户预测风险的目的。申请评分卡出现时间较早，并且已经经历了从专家模型、到评分卡模型、再到大数据模型的三个阶段，贷前识别能力也得到了长足的提升。国内的大型互联网金融机构在前几年线上贷款业务蓬勃发展阶段已经积累了大量的客户样本和逾期表现数据，同时国内相对开放的第三方数据环境，也为这些样本带来了丰富的指标维度，这都是训练出良好大数据模型的必要前提。在业界，目前 M1+ 的模型 KS 基本可以做到 0.35，M3+ 的模型 KS 甚至可以达到 0.45 以上，已经远高于人工审核的准确率。

在贷前识别环节，只是评估客户的还款意愿显然是不够的，风控人员还需要将还款能力纳入评估体系内。这就要用到价值模型（Value Model）。相较于申请评分卡有是否逾期这一明确的目标定义，客户价值的高低在不同平台的定义各不相同，有些平台考虑客户的收入，有些平台则会考虑客户带来的利润，因而价值模型的目标可以根据平台的实际业务需求来制定。模型变量方面，价值模型通常更关注金融属性方面的指标，传统金融机构一般从收入、资产、负债三个角度来选取指标，而对于互联网金融机构来说，则会基于自身数据的特色，加入客户的商品消费习惯和金融场所出行习惯等，一定程度上丰富了价值模型的维度。

搭建兼具准确性、区分度和稳定性的申请评分卡和价值模型，是智能时代的风控从业者们必须面对的挑战和课题，在这两个模型基础上，风控人员才能判断借款人的申请是否可以通过，并且给出相匹配的额度和利率。由于贷前识别是整个信用风险管理中最核心的部分，本书之后的章节会大多围绕贷前环节展开，关于申请评分卡的搭建和应用，也会在后面相关章节中具体阐述。

3. 贷中管理

借款人一旦在贷前环节通过了授信申请，就进入了贷中管理环节，这个环节主要是监控和调整，对于贷前识别的结果进行查漏补缺。目前市面上的互联网金融贷款产品额度授信方式主要分为一次性额度和循环额度两类，不同的授信方式带来的贷中管理策略也会有很大的不同。

首先解释下一次性额度和循环额度的区别。一次性额度，就是在客户的贷款申请通过后，机构主动地、一次性地将全部额度打到客户的银行账户上，解决客户短期内的燃眉之急，常见于银行的房贷、经营贷等大额商业贷款。而循环额度是指客户在贷款申请通过后获得预授信的额度，在需要的时候由客户主动发起支用，并且在客户偿还账单后额度可以实时恢复，例如银行的信用卡业务就是一款非常典型的循环额度产品。对于一次性额度的产品，由于全部金额已经在第一时间打到客户的账户上，贷中管理主要集中在风险的监控和预警上，一旦客户出现连续几期的逾期，就需要进入贷后催收的环节。而对于循环额度的产品，由于初始只是预授信，机构完全可以借助更多贷中行为的数据，通过支用拦截和额度管理等贷中手段，压降潜在的风险。同时对于借款人来说，循环额度类的贷款即需即用，随借随还，给客户提供了更好的产品体验，客户完全可以根据自己目前的资金现状选择支用和还款的时间节点，减少不必要的账期带来的贷款利息，符合国家普惠金融的大方向，也是目前市面上大多数消费贷款的产品模式。

对于循环额度类的产品，搭建行为评分卡（Behavior Card）是一种常见的技术手段。与申请评分卡一样，行为评分卡的预测目标也是客户在未来一段时间内是否会发生逾期。不过模型指标在申请评分卡的基础上，又多了贷中行为这一大类数据，通过加入客户支用、还款、逾期等数据，行为评分卡可以更好地刻画出客户近期的还款能力和还款意愿，帮助机构做出相应的支用和额度策略的调整。

4. 贷后催收

目前市面上头部的互联网金融机构，由于贷款业务起步较早，时至今日已经积累了较大规模的贷款余额，并且在经济周期处于低谷的大环境下，整个行业逾期率走高，形成了较多的贷后资产。针对这些已经逾期的账户，平台侧必须采取贷后催收的手段，才能尽可能地收回账款，在控制整体逾期率和不良率的同时，最大限度减少经济上的损失。

相比于贷前识别和贷中管理，贷后催收更重运营，如何在可控的成本范围内，根据逾期案件的严重程度，为不同账户分发不同的催收方式和催收团队，是贷后管理环节的风控人员需要考虑的问题。同时，在互联网金融野蛮生长的前几年，暴力催收案件屡见不鲜，对社会和整个行业造成了极大的危害，引发了监管部门的高度关注。从 2018 年年底开始，监管部门联合各地公安机关，查处了许多涉黑的催收公司，暴力催收的行为也被整个行业严厉杜绝。在整个行业合规的大环境下，精细化和智能化的贷后运营成为了提高催回率最有效的方式。

为了实现精细化的分案，主要的方法是利用催收评分卡（Collection Card）衡量客户逾期的严重程度，根据严重程度分发给不同力度的催收方式和团队。催收评分卡基于已经发生逾期的样本群体建立，目标是预测这些样本是否会在未来一段时间内发生更严重的逾期。相比于贷前和贷中的特征，催收评分卡又多了与催收相关的贷后特征，比如进入催收队列的持续时长、催收阶段成功还款的金额等，这些特征都提升了模型对于贷后人群的区分能力。根据业务的需求，在样本量满足条件的情况下，还可以根据客户所处的贷后阶段，进一步将通用模型拆分为早期催收评分卡、中期催收评分卡和后期催收评分卡。

贷后环节也是当前 AI 技术探索较多的环节，机构希望通过更智能的算法和模型，降低单纯人力的运营成本。目前像失联修复、语音自动外呼、催收机器人等技术都已经有了正式落地的案例，随着这些 AI 系统的进一步成熟，整个催收行业也会更加合规和可控。

1.3 风险管理的重要性

互联网金融行业发展至今，早期头部机构的流量红利已经消失殆尽，取而代之的是互联网时代下半场的精细化运营。在这一阶段，风险管理就显得尤为重要。在传统认知中，风控人员只是一味"踩刹车"，大家普遍认为控制坏账率就是风控人员的全部工作。其实防范坏账发生只是风控人员工作的一部分，风控的本质应该是在坏账率满足条件的情况下使得整体利润最优，风控人员更像是一个控制"刹车"和"油门"的节拍器，风险管理应该是从风险评估、差异化定价到最终实现整体利润最优的三级火箭模式。

1.3.1 风险评估

风险评估是风控人员的本职工作，也是整个风险管理流程中的"第一级火箭"，是实现整体利润最优的基础和约束条件。风险是所有互联网金融业务的红线，一旦触碰红线就不用谈利润了。对于传统银行来说，贷款可以按照风险程度划分为正常、关注、次级、可疑和损失五类，其中后三类合称为不良贷款，根据银保监会要求，不良贷款余额占总贷款余额的比重不得超过 5%。对于互联网金融行业，监管部门暂时还没有明确的不良贷款率警戒线，但是控制贷款风险仍然是各家机构的基本准则。

对于借款人风险的评估，主要还是从综合欺诈和信用两个方面入手。对于存在欺诈风险和高信用风险的客户，平台一般不授予其贷款额度；对于信用风险较低的客户，风控人员会利用申请评分卡量化其风险水平，将不同的人匹配到不同的区间内，实现风险分层的目的，指导下一步的差异化定价。风险分层如表 1-1 所示，其中申请评分卡 700 分以上的为低风险客群，640 分以下的为高风险客群，640 ~ 700 分的为中风险客群。

表 1-1 风险分层映射关系

分数区间	区间逾期率（%）	累计逾期率（%）	风险评估
(820,830]	0.0	0.00	低风险客群
(810,820]	0.0	0.00	
(800,810]	0.0	0.00	
(790,800]	0.0	0.00	
(780,790]	0.0	0.00	
(770,780]	0.3	0.19	
(760,770]	0.7	0.50	
(750,760]	0.5	0.49	
(740,750]	0.9	0.70	
(730,740]	1.4	1.01	
(720,730]	2.2	1.48	
(710,720]	2.5	1.84	
(700,710]	2.8	2.17	
(690,700]	3.5	2.55	中风险客群
(680,690]	5.5	3.20	
(670,680]	6.9	3.89	
(660,670]	10.0	4.67	
(650,660]	13.3	5.45	
(640,650]	17.3	6.29	

（续）

分数区间	区间逾期率（%）	累计逾期率（%）	风险评估
(630,640]	23.7	7.20	高风险客群
(620,630]	28.1	7.79	
(610,620]	39.5	8.10	
(600,610]	48.7	8.27	
(590,600]	52.2	8.32	
(580,590]	69.0	8.34	
(570,580]	100.0	8.34	
(560,570]	100.0	8.34	

1.3.2 差异化定价

在风险评估的基础之上，下一步要做的事情就是给不同的客群分配不同的贷款额度和利率，也就是风险管理流程中的"第二级火箭"——差异化定价。对于机构来说，定价模型直接决定了产品最终的利润。如果机构对于借款人都给予相同的额度和利率，势必会造成好客户额度过低、坏客户额度过高的情况，又由于坏客户的逾期概率一定高于好客户，则会导致在逾期人数相同的情况下，该机构会损失更多的利润。同时，由于好客户一定是市面上所有互联网金融机构的目标客群，如果一个机构给出的额度和利率吸引力不足，这些好客户必定会流向其他平台，这对于平台来说是一种更大的损失。考虑到以上两个问题，差异化定价应当是所有风控人员必备的能力。

简单的差异化定价，可以直接利用客户风险分层的结果，对于风险较小的客群给予高额度和低利率，对于风险较高的客群则给予低额度和高利率。而对于技术能力较强的机构，如果在申请评分卡以外还搭建了一个效果较好的价值模型，则可以通过二维矩阵的方式，综合考虑客户的还款能力和还款意愿，给出更为合理的额度。在定价模型中，利率通常直接与申请评分卡所预测的逾期风险挂钩，最高利率不得超过监管所设置的上限；额度则需要风控人员和财务人员一同制定，在财务人员测算的综合成本的基础上，风控人员考虑逾期损失，根据经验和计算给出能够盈利的最合理的额度。结合风险模型和价值模型的额度矩阵如图 1-2 所示，整个矩阵从左上角到右下角额度递增。

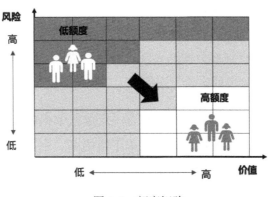

图 1-2　额度矩阵

1.3.3　整体利润最优

上述的差异化定价是一种比较理想的情况，其中忽略了一些实际工作中存在的变量，这就要求专业的风控人员具备让整体利润最优的能力，也就是风险管理流程中的"第三级火箭"。在实际操作中，客户对于贷款额度通常比较敏感，额度过低没有吸引力会导致客户的支用意愿不强，减少机构的收入；额度过高超过借款人还款能力又会增大客户逾期的风险，给机构带来不必要的损失。因此，机构的整体利润会随着额度的增加先增大再减小，如何找到额度的最优解，是风控人员需要解决的实际问题。额度与利润的关系如图 1-3 所示。

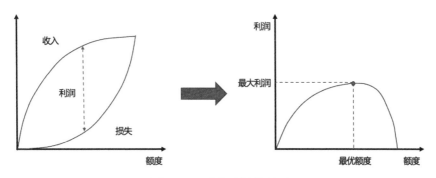

图 1-3　额度与利润的关系

目前业内比较常见的方案有两种：息费敏感性测试和利用模型的在线学习。

息费敏感性测试，是指机构在线上配置多个实验组，不同的实验组给予不同的额度，利用线上的实际表现搜集客户关于额度的使用率、逾期表现等数据，再将这些实际数据纳入利润公式中，找出最优额度。不过由于风险表现的滞后性，通常需要 3 个月以上才能够观察到部分逾期表现，因而息费敏感性测试所需要的时间成本较高，适用于针对长期阶段的定价方案调整。

为了短期内优化已有的定价方案，在有一定放款数据的基础上，可以尝试利用模型的在线学习方式。这种方法拟合额度关于使用率、逾期表现等变量的曲线，以模型的方式进行预测，给出初始的授信额度，然后在模型上线后，实时调整使用率和逾期表现的拟合曲线，使得线上额度的分配逐步接近最优方案。

在实际应用中，建议两种方案相结合使用，模型的在线学习可以解决短期内额度不合适的痛点，但要想彻底根治，还是需要通过息费敏感性测试长期积累数据来优化。

1.4　本章小结

本章首先回顾了国内互联网金融行业的发展和现状。在愈发强调合规的当下，监管部门对于各家互联网金融机构的风控能力提出了更高的要求。在互联网金融场景下，风险主要包括欺诈风险和信用风险，其中欺诈风险占比较低但是危害极大，信用风险则更为常见，需要两类风险管控环节有机的结合。风险管理不仅仅是控制机构的贷款坏账率，更应该实现从风险评估、差异化定价到最终实现整体利润最优的三级火箭模式。下一章我们将从传统风险管理体系入手，帮助读者了解风控领域的基础知识，同时认识到传统方法存在的一些问题和挑战。

第 2 章

传统风险管理体系

随着大数据和机器学习技术的发展与成熟,智能风控已经逐步取代传统风控,成为国内互联网金融机构主流的风险管理模式。不过,在正式进入智能风控相关章节之前,笔者还是想先讲讲传统风控。一方面,传统风控是智能风控的基础,只有了解了传统风控的方法论,才能帮助大家更好地学习智能风控的相关内容;另一方面,传统的风险管理体系中有许多值得我们借鉴的理念和思想,并且它们在一些特定的风控场景中仍然适用。因此,作为风控领域的从业人员,只有同时掌握了传统风控和智能风控两方面的知识,才能够因地制宜,面对不同的问题制定最合适的解决方案。

2.1 人工审核

信贷业务刚刚开展的早期,由于金融机构信息化建设较为落后,人工审核几乎是核验借款人资质和意图的唯一方式,信审团队的人员质量直接决定了机构的放款额以及逾期率。对于信审专员来说,他们的职责主要包括检查借款人提供的材料是否齐全,通过电话或者线下的方式核验借款人提供材料的真实性和完整性,实施审批策略并且给出相应的风险定价。从职责可以看出,信审专员主要也是从信用风险和欺诈风险两方面来评估借款人的申请，其中提供的纸质材料可以帮助信审专员衡量客户的信用情况，而利用电话回访或者线下走访调研的方式，则可以进一步搜集信息来确定客户是否有欺诈的可能性。智能风控时代的系统和模型，也正是借鉴了信审专员这两方面的思考路径。

2.1.1　纸质材料评估

早期贷款申请的第一个步骤便是由客户提供一系列的纸质材料，包括个人信息表、身份证、户口本、银行流水、收入证明、征信报告等，部分类型贷款还需要营业执照、房产证明或其他担保证明。这些材料的核心用途是帮助信审专员了解客户，并且评估出客户的信用状况。

个人信息表、身份证、户口本可以证明借款人的客户属性，银行流水和收入证明主要衡量了借款人的消费能力和还款能力，征信报告则直接反映了借款人的征信历史，这些都是信用风险管理中的重要评估指标。而对于大额的贷款产品，例如经营贷和房贷，则需要借款人提供更多的财产证明或者担保材料，这样信审专员才能进一步把控风险，必要时通过收取借款人的抵押物和担保物来降低损失。

2.1.2　电话回访

对于早期的大多数贷款申请，搜集纸质材料之后一个必不可少的环节就是信审专员的电话回访。电话回访的主要目的是核实借款人提供的材料的真实性，有时会通过联系借款人身边的朋友或者公司的同事来搜集更多关于借款人的信息，以此判断是否有信用风险和欺诈风险。对于电话回访，信审专员通常会有一套标准的问题清单和评价体系，根据借款人在电话中的表现来判断是否继续放款流程。

通常这些评价体系会围绕如下几个方面：及时接听情况，电话中的语气，回答的流畅程度和准确性，是否有其他负向信息等。一旦借款人在接听电话过程中出现异常行为，信审专员便有理由怀疑这笔贷款的申请目的，给出一个较低的额度甚至拒绝审批。对于贷款额度较大或者信用评估较低的客户，信审专员还会回访借款人身边的人，通过交叉比对的方式来证明材料的真实性和完整性。

2.1.3　线下走访尽调

线下走访尽调是在经营类贷款和小微企业贷款中比较常见的风险管理方式，目的是实地了解借款人名下企业的经营状况和信用资质，避免材料造假的行为。相对于个人信用，企业信用的评估维度更多，且实际经营状况和行业情况都是纸质材料和电话回访无法看到的，这就需要信审专员对企业进行实地走访，通过暗访或者图片、影像的方式搜集更多真实的企业信息，从而规避材料造假和不完整所带来的欺诈风险。在智能风控时代，由于企业类的数据仍然存在着难以获取和验证的问题，因此线下方式仍是目前企业贷款风险管理中不可或缺的一个环节。

2.2　专家模型

在传统的风险管理体系中，除了依靠一线信审专员的人工审核外，还离不开制定审批策略的业务专家，他们是整个信审团队的大脑。业务专家的主要工作是制定贷款审核初期的政策规则和风控规则，并且通过分析逾期案件和行业动态，进一步调整审批策略。这些业务专家大多是基于多年的信审和行业经验来制定规则，也有少部分人将这些经验抽象成了数学公式，这也成为了最早的风控模型。

2.2.1　业务规则库

形成规则库是专家模型中最简单也是最直观的方式，业务专家将多年的行业经验总结成一条条规则，提供给信审专员，用来比对借款人的资质和审核贷款流程。

业务规则库通常包括政策规则和风控规则两方面。政策规则通常根据机构或者监管部门的硬性要求来制定，借款人的年龄和贷款的最高利率都属于这一范畴。政策规则通常较少，一旦制定很少会变动。风控规则则更加多样和复杂，业务专家会从客户属性、还款能力、资产状况、信用历史、黑名单等多个维度来衡量和制定规则，大型的金融机构的风控规则甚至多达上千条，力求面面俱到，涵盖各类客群和贷款产品的信用风险以及欺诈风险。

由于业务规则存在较高的误拒率，在智能风控的体系中，除去白名单准入和反欺诈黑名单这两个硬性环节，其他风险管理环节都更建议利用模型的方式对借款人做出更精准的识别。

2.2.2 专家调查权重法

随着规则库的不断增加，部分业务专家也开始考虑将多个弱指标融合成一个指标，这样可以解决单个弱指标制定的规则区分度不强的问题。在具体实施过程中，专家团队被要求独立地填写调查问卷，选取自己认为重要的指标并赋上对应权重，最后由大家讨论确定权重模型。当专家团队的意见出现较大分歧时，可以加入一个组织者的角色，负责汇总每轮专家团队的意见并且总结出重要问题，制成下一轮的调查问卷并发放，通过多轮调查的方式使团队逐步达成统一的意见。专家调查权重法（Delphi Method）通过一种比较合理的方式集合了团队内多位专家的行业经验，给借款人提供了一个定性的指标。

在某城商行 POS 贷项目中，由于行内没有 POS 贷业务的历史数据，项目组采用专家调查权重法，邀请行内 4 位业务专家对白名单模型涉及的 6 个指标进行赋权，平均 4 位专家的调查结果得到最终各个指标的权重，如表 2-1 所示。

表 2-1 某城商行 POS 贷白名单模型权重调查结果

指标名	专家 A	专家 B	专家 C	专家 D	指标权重
月交易金额平均值	30	30	20	20	25
月交易金额标准差	10	5	10	15	10
月交易笔数平均值	30	20	30	20	25
月交易笔数标准差	10	5	10	15	10
月交易时间间隔平均值	10	30	20	20	20
月交易时间间隔标准差	10	10	10	10	10
合计	100	100	100	100	100

2.2.3 熵权法

专家调查权重法还是更多依赖于专家团队的主观意见，这就可能造成给出的定性指标有可能脱离于当前业务的实际情况而存在的问题。为了杜绝这种经验主义，更为量化的熵权法（Entropy Weight Method）被引入风险管理的场景中来。

在介绍熵权法之前，我们需要先了解下熵（Entropy）的概念。熵最早来自于热力学，是衡量一个体系中混乱程度的指标，熵越大则说明这个体系越混乱。信息熵（Information Entropy）则借鉴了这个概念，用来描述一个事件所包含信息量的期望。如果一个事件中的某种可能情况发生概率过大，则这个事件的整体离散程度较小，即平均信息量较小。信息熵的计算公式如下：

$$E(X) = -\sum_{x \in X} p(x) \ln p(x) \quad (2\text{-}1)$$

其中 $p(x)$ 代表事件 X 中每个可能情况 x 发生的概率，并且规定 $0 \ln(0)=0$。

根据信息熵的定义，可以利用熵值来确定某个指标的权重，熵值越小则说明这个指标的信息量越大，对于综合评价的影响也越大。如果某个指标的所有值相同，则对于综合评价没有任何影响。熵权法的计算步骤如下所示。

（1）数据标准化

首先要对各个指标进行标准化处理，目的是去除不同指标量纲对于权重计算的影响。数据标准化常见的方法有最大最小标准化和 Zscore 标准化。

假设第 i 个客户的第 j 个指标为 x_{ij}，标准化后为 x'_{ij}，则最大最小标准化的计算公式如下：

$$x'_{ij} = \frac{x_{ij} - \min(x_j)}{\max(x_j) - \min(x_j)} \quad (2\text{-}2)$$

Zscore 标准化的计算公式如下：

$$x'_{ij} = \frac{x_{ij} - \overline{x}_j}{\sigma(x_j)} \quad (2\text{-}3)$$

其中 $\bar{x}_j$ 代表所有客户第 j 个指标的平均值，$\sigma(x_j)$ 代表所有客户第 j 个指标的标准差。

（2）计算各指标信息熵

根据信息熵的公式，每个指标的信息熵计算公式如下：

$$E_j = -\frac{1}{\ln(n)} \sum_{i=1}^{n} p_{ij} \ln p_{ij} \qquad (2\text{-}4)$$

其中 n 为全体客户数，$p_{ij} = x'_{ij} / \sum_{i=1}^{n} x'_{ij}$ 为第 j 个指标下第 i 个样本所占比重。

（3）确定各指标权重

基于信息熵，各指标的权重计算公式如下：

$$W_j = \frac{1 - E_j}{\sum_{j=1}^{m}(1 - E_j)} \qquad (2\text{-}5)$$

其中 m 为指标总个数。

我们以 Kaggle 社区上捷信（Home Credit）的贷款申请数据为例，帮助大家更好地理解熵权法。有 10 位客户申请节点的 10 个指标，如表 2-2 所示。

表 2-2 捷信客户样本申请节点指标

客户编号	年收入（元）	贷款额度（元）	贷款年费（元）	购买商品价格（元）	居住区域人口指数	年龄（天）	当前公司工龄（天）	注册时长（天）	车龄（月）	外部评分
1	202500	406597.5	24700.5	351000	0.0188	−9461	−637	−3648	0	0.2629
2	270000	1293502.5	35698.5	1129500	0.0035	−16765	−1188	−1186	0	0.6222
3	67500	135000	6750	135000	0.0100	−19046	−225	−4260	26	0.5559
4	135000	312682.5	29686.5	297000	0.0080	−19005	−3039	−9833	0	0.6504
5	121500	513000	21865.5	513000	0.0287	−19932	−3038	−4311	0	0.3227
6	99000	490495.5	27517.5	454500	0.0358	−16941	−1588	−4970	0	0.3542
7	171000	1560726	41301	1395000	0.0358	−13778	−3130	−1213	17	0.7240
8	360000	1530000	42075	1530000	0.0031	−18850	−449	−4597	8	0.7143
9	112500	1019610	33826.5	913500	0.0186	−20099	0	−7427	0	0.2057
10	135000	405000	20250	405000	0.0197	−14469	−2019	−14437	0	0.7466

利用公式（2-2）进行标准化后，代入公式（2-4）计算出 10 个指标的信息熵，如表 2-3 所示。

表 2-3　捷信客户样本指标信息熵

指标	年收入（元）	贷款额度（元）	贷款年费（元）	购买商品价格（元）	居住区域人口指数	年龄（天）	当前公司工龄（天）	注册时长（天）	车龄（月）	外部评分
信息熵	0.85	0.85	0.93	0.85	0.84	0.79	0.84	0.94	0.43	0.88

将信息熵代入公式（2-5）计算出 10 个指标的权重，如表 2-4 所示。

表 2-4　捷信客户样本指标权重

指标	年收入（元）	贷款额度（元）	贷款年费（元）	购买商品价格（元）	居住区域人口指数	年龄（天）	当前公司工龄（天）	注册时长（天）	车龄（月）	外部评分
权重	0.08	0.08	0.04	0.09	0.09	0.12	0.09	0.03	0.32	0.06

2.3　评分卡模型

从 20 世纪 80 年代美国征信巨头 Fair Isaac 推出第一张评分卡 FICO 开始，评分卡模型（Scorecard Model）逐步替代专家模型，成为传统金融机构最为依仗的信用评级方法。相比于专家模型，评分卡模型基于历史样本的实际逾期表现，采用回归拟合的统计技术，建立客户特征与逾期概率之间的线性关系，从而实现对借款人在各个时间节点风险的预测和评估。从数学公式的角度，评分卡模型可以被简化为 $Y = f(X)$，其中 Y 是客户的逾期表现，0 代表正常，1 代表逾期；X 是该客户各维度的特征；f 是基于 X 和 Y 确定的线性模型。评分卡模型具有较好的稳定性和可解释性，因而目前仍是传统金融机构主流的建模方式，并且新一代的智能风控模型也参考了许多评分卡模型中的建模思路，因而这里给大家归纳介绍一下评分卡模型。

2.3.1　目标定义

在评分卡模型中，逾期的定义即为模型学习的目标，不同的逾期定义会导致模型适用的场景发生变化。对于银行来说，通常 M3+（历史最大逾期天数超过 90 天）会被定义为逾期。而对于互联网金融机构来说，由于贷款产品普遍期限较短，客户的逾期表现就会暴露得更早，因而需要通过滚动率分析（Roll Rate Analysis）找出最适合的逾期定义。滚动率分析通过观察客户在各个贷款状态间的转移概率提前找出稳定的逾期定义。

以某互联网金融平台现金贷产品为例，观察 2017 年 7 月至 2017 年 12 月期间每个月借据单的逾期状态分布，如表 2-5 所示。

表 2-5　某互联网金融平台逾期状态分布表

月份	M1 笔数	M2 笔数	M3 笔数	M3+ 笔数
07	1470	28	0	0
08	3127	252	16	0
09	4783	619	153	11
10	6611	873	284	75
11	9063	1112	345	158
12	17236	1335	509	170

根据每个月的逾期状态，可以计算出每个月借据单的滚动率，如表 2-6 所示。例如 2017 年 7 月 M1—M2 的滚动率为 2017 年 8 月 M2 笔数除以 2017 年 7 月 M1 笔数，即 252/1470=17.14%；2017 年 7 月 M2—M3 滚动率为 2017 年 9 月 M3 笔数除以 2017 年 8 月 M2 笔数，即 153/252=60.71%。

表 2-6　某互联网金融平台滚动率分析表

月份	M1—M2	M2—M3	M3—M3+
07	17.14%	60.71%	49.02%
08	19.80%	45.88%	55.63%
09	18.25%	39.52%	49.28%
10	16.82%	45.77%	67.39%
11	14.73%	51.09%	64.08%
12	16.17%	47.04%	62.01%

从表 2-6 可知，该互联网金融平台客户 M2—M3 和 M3—M3+ 的滚动率均超过 50%，说明一旦客户逾期超过 30 天，很大概率会转化为逾期超过 90 天，可以考虑将 M1+（历史最大逾期天数超过 30 天）定义为逾期。

2.3.2 样本选取

确定了逾期定义之后，我们需要选取建模样本来拟合得到评分卡模型。对于建模样本的选取，如果距今时间较长，选取的客户样本特性可能与当前的新增客户差异较大，导致用学习到的模型预测当前客户效果不佳；如果距今时间较短，近期申请客户的贷后表现还不充分，也会使得模型在学习过程中误把潜在的逾期客户当作正常客户，导致总结出错误的客户特性。因而我们需要定义观察期和表现期，观察期为建模样本横跨的历史区间，表现期则为模型预测的时间长度，如图 2-1 所示。

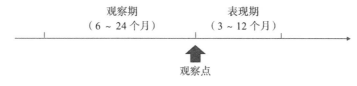

图 2-1 观察期和表现期

为了找到最合理的观察期和表现期，通常会利用账龄分析（Vintage Analysis）的方法，观察所有核准后的客户在每个账龄上的逾期表现，从而确定表现期的长度，如图 2-2 所示。

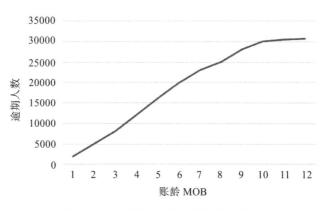

图 2-2 某互联网金融平台账龄分析曲线

我们仍然以某互联网金融平台的逾期样本为例，观察不同账龄下逾期人数的变化，可以看到放款 9 个月后逾期人数的增长趋于平缓，说明 9 个月是账户的成熟期，可以作为该平台客户表现期的长度。

2.3.3 变量分箱

客户的特征数据分为离散型变量和连续型变量两类。例如学历，包括"小学""中学""大学""硕士生""博士生"等，属于离散型变量。而客户的年收入，有可能从几千到几十万不等，属于连续型变量。在评分卡模型的开发中，风控人员会倾向于将所有的变量分箱做离散化处理，这样做一是可以提高模型的稳定性，二是可以更好地观察每个变量和逾期的趋势关系。通常一个连续型变量会按照样本个数平均分为 10~20 个区间，离散型变量不做操作或者合并一些较为接近的区间，缺失值单独作为一个区间。分箱后的变量在各个区间内的逾期样本数量占比要求具有一定的单调性，并且趋势与业务经验一致，否则去除该变量。

2.3.4 变量筛选

传统的评分卡模型通常只能容纳 10~15 个变量，这是因为过多的变量会在线性模型中相互影响，降低每个变量权重的置信度，并且加重后期模型维护的负担。因此，需要一个变量筛选的环节，找出一个客户的若干个最具有代表性的特征。变量筛选通常从稳定性、信息值、相关性、解释性四个方面考虑。

（1）稳定性

稳定性是评分卡入模变量需要考虑的首要条件，因为只有稳定的模型才能给业务人员的风险决策提供可靠的量化指标，稳定性通常利用群体稳定度指标（Population Stability Index，PSI）来评估。PSI 描述的是不同条件下样本分布的差异，计算公式如下：

$$\text{PSI} = \sum_{i=1}^{n}(C_i - B_i)\ln\left(\frac{C_i}{B_i}\right) \quad (2\text{-}6)$$

其中 n 为区间数，B_i 为基准组样本在第 i 区间内占比，C_i 为对照组样本在第 i 区间内占比。一般而言，小于 0.1 说明变量稳定性高，0.1 ~ 0.25 说明变量稳定性一般，0.25 以上说明变量稳定性低。

以捷信客户"外部评分"指标为例，计算 6 个月前后贷款申请客群该指标的 PSI，其中 6 个月前客群作为基准组等频划分为 10 个区间，6 个月后客群作为对照组，将最后一列求和得到 PSI < 0.1，说明该指标较为稳定，如表 2-7 所示。

表 2-7 捷信客户"外部评分"指标 PSI

指标区间	基准组人数占比（B_i）	对照组人数占比（C_i）	$(C_i - B_i)*\ln(C_i/B_i)$
(−inf,0.22]	10.00%	9.95%	0.0000005
(0.22,0.34]	10.00%	10.07%	0.0000087
(0.34,0.44]	10.00%	9.78%	0.0000417
(0.44,0.51]	10.00%	10.14%	0.0000271
(0.51,0.57]	10.00%	10.17%	0.0000391
(0.57,0.61]	10.00%	9.74%	0.0000602
(0.61,0.65]	10.00%	10.00%	0.0000004
(0.65,0.68]	10.00%	10.13%	0.0000231
(0.68,0.72]	10.00%	9.90%	0.0000061
(0.72,+inf)	10.00%	9.85%	0.0000163

（2）信息值

信息值（Information Value，IV）是评分卡模型中衡量变量重要性的指标。通常来说，小于 0.02 说明变量无预测能力，0.02 ~ 0.1 说明变量具有弱预测能力，0.1 ~ 0.3 说明变量具有中预测能力，0.3 以上说明变量具有强预测能力。IV 的计算基于证据权重（Weight of Evidence，WOE），WOE 衡量了一个变量各个分箱区间内逾期样本的分布情况，绝对值越大说明该区间内逾期样本和正常样本的区隔程度越高。第 i 个区间 WOE 的计算公式如下：

$$\text{WOE}_i = \ln\left(\frac{G_i / G_T}{B_i / B_T}\right) \qquad (2\text{-}7)^{\ominus}$$

⊖ 有些资料中 WOE 的计算公式的分母分子与本书相反，笔者认为二者都合理。

其中 B_i 是该区间内的逾期样本数，B_T 是总的逾期样本数，G_i 是该区间内的正常样本数，G_T 是总的正常样本数。

对于变量的 IV，其实是该变量各个区间 WOE 的加权和，计算公式如下：

$$\text{IV} = \sum_{i}^{n} \text{IV}_i = \sum_{i}^{n} (G_i/G_T - B_i/B_T) \ln\left(\frac{G_i/G_T}{B_i/B_T}\right) \qquad (2\text{-}8)$$

其中 n 是该变量的分箱区间总数。

我们仍然以捷信客户"外部评分"指标为例，计算其关于逾期标签的 WOE 和 IV，其中缺失值单独作为一个区间，其余等频划分为 10 个区间，各个区间的好坏样本数及 WOE 值如表 2-8 所示。

表 2-8 捷信客户"外部评分"指标 WOE

指标区间	正常样本数	逾期样本数	WOE 值
NaN	608	52	0.0264
[0,0.21)	25054	5631	−0.9397
[0.21,0.33)	26979	3706	−0.4473
[0.33,0.44)	27629	3056	−0.2307
[0.44,0.51)	28119	2566	−0.0383
[0.51,0.56)	28406	2278	0.0908
[0.56,0.60)	28644	2042	0.2085
[0.60,0.64)	28888	1793	0.3470
[0.64,0.68)	29187	1500	0.5357
[0.68,0.72)	29397	1289	0.6945
[0.72,0.85)	29775	912	1.0532

将表 2-8 中各个区间 WOE 值代入公式（2-8），计算"外部评分"的 IV 值为 0.3064，说明该指标具有较强的预测能力。

（3）相关性

变量的相关性包括单变量之间的相关性（Correlation）和多变量之间的共线性

(Multicollinearity)。相关性是线性模型中需要注意的问题,因为变量之间过高的相关性会影响对应权重预测的置信区间,进而导致权重置信度下降。这里的相关性检验利用皮尔逊相关系数(Pearson Correlation Coefficient)构造相关性矩阵,找出相互关联的变量组。计算变量 X 和 Y 之间相关系数的计算公式如下:

$$\rho_{X,Y} = \frac{\text{cov}(X,Y)}{\sigma_X \sigma_Y} = \frac{E[(X-\mu_X)(Y-\mu_Y)]}{\sigma_X \sigma_Y} \tag{2-9}$$

其中 μ_X 是变量 X 的平均值,σ_X 是变量 X 的标准差,μ_Y 是变量 Y 的平均值,σ_Y 是变量 Y 的标准差。相关系数落在 [−1, 1] 的区间内,绝对值越大说明相关性越强,绝对值为 1 说明两个变量中的点都落在一条直线上,绝对值为 0 说明两个变量之间没有线性关系。

共线性是对相关性的进一步补充,其衡量的是一个变量与一组变量之间的线性关系,这里我们会用到方差膨胀系数(Variance Inflation Factor,VIF)。VIF 解释了变量之间存在多重共线性时的方差与不存在多重共线性时的方差之比,VIF 越大说明共线性越严重,通常大于 10 可以认为共线性较强。VIF 的计算公式如下:

$$\text{VIF} = \frac{1}{1 - R_i^2} \tag{2-10}$$

其中 R_i^2 是第 i 个变量作为因变量与其他变量回归的确定系数。

(4)解释性

在最终进入模型训练之前,还需要检查每个入模变量的解释性。这里要求变量 WOE 的分布具有一定的单调性,说明逾期率在每个区间内呈现递增或者递减的趋势,方便后期给出客户信用评分的减分原因和优化意见。如果重要变量 WOE 不满足单调性,可以尝试合并相邻的区间重新计算 WOE;如果调整区间后变量的单调性依然难以保证,则只能将该变量筛除。

在捷信客户贷款申请样本中,计算"外部评分"指标各个区间的 WOE 并画图,观察可得该变量具有较好的单调性,随着"外部评分"的增大,客群的逾期率逐步降低,如图 2-3 所示。

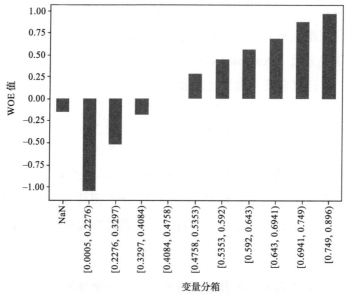

图 2-3 捷信客户"外部评分"指标 WOE 分布

对于捷信客户样本中的另一个指标"贷款年费",虽然 IV 值较高,但是 WOE 分布的单调性较差,客群的逾期率随着"贷款年费"先降低再升高,违背指标解释性的要求,所以从入模变量中剔除。该变量的 WOE 如图 2-4 所示。

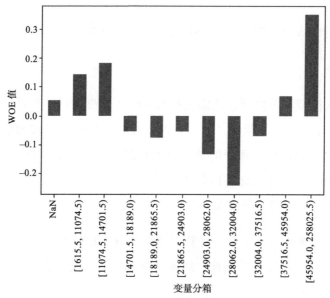

图 2-4 捷信客户"贷款年费"指标 WOE 分布

2.3.5 模型建立

确定了目标和变量后，就可以正式进入模型搭建的环节了。由于信贷场景下客户只有正常和逾期两种可能性，是一个典型的二分类问题，因此评分卡模型采用最经典的逻辑回归（Logistic Regression，LR），逻辑回归的计算公式如下：

$$y = \frac{1}{1+e^{-z}} = \frac{1}{1+e^{-(w^T x+b)}} \quad （2\text{-}11）$$

其中 y 是因变量，x 是自变量，w 和 b 是需要求解的模型参数。我们可以画出 y 关于 $z(x)$ 的曲线，如图 2-5 所示。

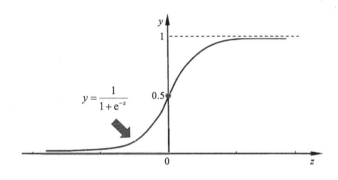

图 2-5　逻辑回归曲线

在图 2-5 中，随着横轴 $z(x)$ 的增加，y 也在连续地增加，并且 y 始终落在 [0, 1] 的区间内，因而逻辑回归确实可以很好地满足信贷场景下对于客户正常和逾期两种状态的预测。

将逻辑回归的公式稍作变换，可以得到如下公式：

$$\ln \frac{y}{1-y} = w^T x + b \quad （2\text{-}12）$$

这里 $\ln y/(1-y)$ 是关于 y 的对数概率（Log Odds，也被称为 Logit），因此逻辑回归本质上也就是 y 的 Logit 函数关于 x 的线性回归。

关于如何求解模型参数 w 和 b，这里利用极大似然估计（Maximum Likelihood Estimate，MLE），希望得到的模型预测每个样本属于其真实状态的概率越大越好，似然函数如下：

$$l(\boldsymbol{w}, b) = \prod_{i=1}^{m} p(y_i|x_i; \boldsymbol{w}, b)$$ （2-13）

对于公式（2-13），可以取对数后利用梯度下降法（Gradient Descent Method）或者牛顿法（Newton Method）求解，由于过程较为复杂且不是本书的重点，这里不再具体展开。

2.3.6 模型评估

建立完模型后，下一步需要做的是评估模型效果，评估通过后才能正式上线并应用到风控策略中去。模型评估主要从准确性、区分度和稳定性这三个方面考虑。

（1）准确性

信贷场景是一个典型的样本不均衡问题，业务性质决定了建模样本中的逾期客户数一定远小于正常客户数，因而采用 ROC 曲线下面积（Area Under ROC Curve，AUC）来衡量模型的整体准确性。与其他衡量准确性的指标相比，AUC 具有较好的稳定性，不会受到正负样本分布不均衡的影响。欲评估二分类模型的准确性，首先需要了解混淆矩阵（Confusion Matrix），它的作用是帮助我们了解模型预测的正负与实际正负之间的差异关系，混淆矩阵如表 2-9 所示。

表 2-9 混淆矩阵

		预测值	
		Positive	Negative
真实值	Positive	TP（真阳）	FN（假阴）
	Negative	FP（假阳）	TN（真阴）

基于混淆矩阵，我们可以计算真阳率（True Positive Rate，TPR）和假阳率（False Positive Rate，FPR）。真阳率说明了模型预测对的正样本占实际正样本的比例，假阳率说明了模型没有预测对的正样本占实际负样本的比例，计算公式分别如下：

$$TPR = \frac{TP}{TP + FN} \quad (2\text{-}14)$$

$$FPR = \frac{FP}{TN + FP} \quad (2\text{-}15)$$

我们将模型预测的结果从小到大排序,并计算不同阈值下对应的真阳率和假阳率。假设以预测结果的最大值作为阈值,则所有样本预测为负,真阳率和假阳率均为 0;假设以预测结果的最小值作为阈值,则所有样本预测为正,真阳率和假阳率均为 1。以此类推,可以得到若干个点及其对应的真阳率和假阳率。将假阳率作为横轴,真阳率作为纵轴,可以绘制出感受性(Receiver Operating Characteristic,ROC)曲线,ROC 曲线下的面积即为 AUC。图 2-6 为捷信客户评分卡模型的 ROC 曲线,其中虚线代表随机模型对应的 AUC 为 0.5,计算该评分卡模型测试集上 AUC 为 0.73,具有一定的准确性。

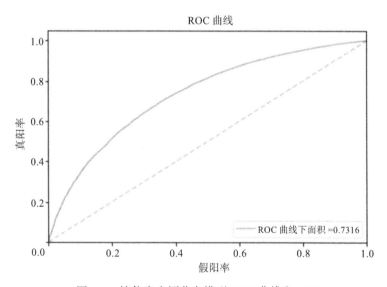

图 2-6　捷信客户评分卡模型 ROC 曲线和 AUC

(2)区分度

KS(Kolmogrov-Smirnov)值是常用的区分度指标,主要衡量了模型对于正样本和负样本的最大间隔距离。某种意义上来说,在评分卡模型的评估指标中,区分度的重要性甚至更胜于准确性,因为区分度能够更好地看出正常客户和逾期客户分布上的差异，是对于模型排序能力的综合评估。绘制 KS 曲线，首先将样本按照模型的预测结果从小到大排序，计算不同分数下好坏样本的累积占比（Cumulative Distribution Function，CDF）曲线，CDF 曲线间隔的最大值即为 KS。图 2-7 为捷信客户评分卡模型的好坏样本 CDF 曲线，该模型测试集上 KS=0.34，具有较好的区分度。

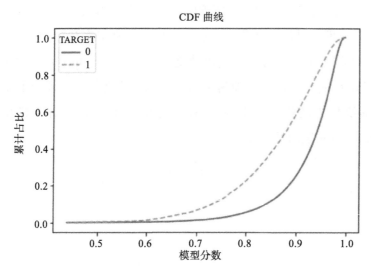

图 2-7　捷信客户评分卡模型 CDF 曲线和 KS

在实际风控场景建模过程中，KS 的上限与逾期定义具有很强的联系，逾期定义越严格意味着本身好坏人差异较大，利用模型也更加容易把坏人区分出来。通常 M1+ 的评分卡模型 KS 在 0.3 左右，M3+ 的评分卡模型 KS 能够达到 0.4。

（3）稳定性

与变量筛选时类似，对于最终模型的结果也要进行稳定性分析，评估指标与变量一样也是 PSI，小于 0.1 可以证明模型结果较为稳定。这里也能看出之前变量筛选阶段稳定性分析的必要性，去除稳定性较差的变量可以大大提升最终模型的稳定性。

2.3.7 模型应用

由于逻辑回归输出的是 [0,1] 区间内的概率,不利于业务人员直接使用,因而我们还需要做分数映射,得到最终的评分卡模型。传统的评分卡模型遵从如下映射公式:

$$\text{Score} = A + B \ln(\text{Odds}) \quad (2\text{-}16)$$

其中 Score 代表模型最终输出的分数,Odds 代表该分数对应的好坏比,A 和 B 是需要确定的参数。

通常我们希望评分卡模型分数每隔一个固定值则对应的好坏比可以加倍,由此得到下式:

$$\text{Score} + \text{PDO} = A + B \ln(2\text{Odds}) \quad (2\text{-}17)$$

其中 PDO(Point Double Odds)代表分数间隔的固定值。求解上式可得:

$$B = \text{PDO}/\ln(2) \quad (2\text{-}18)$$

$$A = \text{Score} - B \ln(\text{Odds}) \quad (2\text{-}19)$$

这里 Score 和 PDO 均可以根据业务人员的要求来调整。

对于映射后评分卡模型的使用,业务人员通常会考虑逾期率和核准率两方面,在逾期率满足条件的情况下,确定评分卡模型的阈值,使得核准率最优。在捷信客户评分卡模型案例中,令 Score=600,Odds=10,PDO=20,代入公式(2-18)和公式(2-19)中求得 A 和 B,进而将 A 和 B 代入公式(2-16)计算得到每个客户的信用评分。以每 20 分作为区间长度,观察测试集上每个区间内的逾期率和核准率,如表 2-10 所示。

表 2-10 捷信客户评分卡模型分数分布

分数区间	好样本	坏样本	样本总数	样本占比	逾期率
(520, 540]	84	41	125	0.13%	32.80%
(540, 560]	1258	593	1851	2.01%	32.03%

（续）

分数区间	好样本	坏样本	样本总数	样本占比	逾期率
(560, 580]	6808	1832	8640	9.36%	21.20%
(580, 600]	17625	2276	19901	21.57%	11.43%
(600, 620]	24855	1636	26491	28.71%	6.17%
(620, 640]	21988	732	22720	24.62%	3.22%
(640, 660]	10067	200	10267	11.12%	1.94%
(660, 680]	2074	25	2099	2.27%	1.19%
(680, 700]	155	5	160	0.17%	3.12%

2.4 传统方法的问题和挑战

传统的风险管理方法随着信贷业务发展至今，其有效性已经被时间所验证，帮助传统金融机构的业务人员和风控人员很好地把控了贷款质量。不过随着近十年移动互联网的兴起，越来越多的线下贷款业务逐步转移到线上，各家的贷款产品都被放到一个公开透明的环境下进行比较，借款人对于产品的设计和体验要求也越来越高。面对更加互联网化的金融大环境，传统的风控体系暴露出了如下一些问题。

（1）数据质量差

在这个数据驱动的时代，传统的风险管理体系面临的最大问题是缺乏数据管理的能力。纸质材料审核、电话回访、线下尽调等方式搜集到的借款人的数据都较为有限，且数据的真实性和完整性都有待商榷。而传统方法中最为依仗的评分卡模型，由于本身算法复杂度的限制，没有办法融合太高维的数据。在线下贷款业务发展时期，客户的个人信息、收入证明、征信报告等已经足以帮助风控人员筛选出其中最优质的人群并开展业务。而当这些传统的金融机构为了扩大业务范围而逐步线上化时，就会发现新增的借款人群体中很大一部分都没有稳定的收入或者是征信白户，这就给传统风控人员的工作带来了极大挑战。

（2）人力成本高

传统的风险管理是个劳动密集型岗位，需要大量的信审专员来进行客户信息验证和贷款核准的工作，这大大加大了机构的人力成本。随着贷款产品的多样性和复杂性，一味地扩张人工审核团队也变得极为不现实，一方面，市面上经验丰富的信审专员有限，另一方面，这种大量囤积人力的商业模式，背后隐藏着极大的风险，很可能在业务发展不顺的情况下造成大面积的机构亏损和裁员事件，对于利益和品牌都是极大的损害。

（3）审批流程慢

与当前线上贷款推崇的秒级到账相比，传统的贷款业务审批流程较慢，期间经历若干个审批流程和人员，通常需要一两周的时间贷款资金才能打到借款人的账户中。对于金融机构来说，这种漫长的等待势必会让产品的体验大打折扣，进一步使客户流向放款效率更高的互联网金融机构。

（4）迭代周期长

传统风控体系中所利用的专家规则和评分卡模型，都存在着迭代周期较长的问题。专家规则是业务专家在长期的工作经验中总结出的规律，每一条规则的背后都需要若干的案例分析来支撑；而评分卡模型的变量分箱和变量筛选，需要风控人员们对于每一个潜在变量逐一分析，找出其中最具有代表性的 10～15 个变量最终入模。由于移动互联网环境下的信用风险和欺诈风险都具有变化快的特点，这些传统的风险管理方式存在一定的被动性和滞后性，对于机构来说是极大的风险隐患。

2.5　本章小结

本章介绍了传统风险管理体系中常用的三个方法：人工审核、专家模型和评分卡模型。在评分卡模型中，需要通过滚动率分析找到合适的逾期定义，并且利用账龄分析确定表现期的长度。在模型训练前从稳定性、信息值、相关性、解释性四个方面进行变量筛选，基于逻辑回归训练模型，随后从准确性、区分度和稳定性三个方面评估模型效果。传统的风控体系已经被验证是行之有效的，然而在互联网金融场景下却面临极大的挑战。本章中涉及了部分实战案例，更多内容将在第 7～9 章中详细展开。

Chapter 3　第 3 章

智能风控模型体系

在智能风控时代,许多头部的互联网金融公司已经能够实现纯线上自动化审贷,这无疑大大提升了客户申请贷款的效率和体验。自动化审贷主要依赖于三大核心技术:大数据平台、决策引擎和智能模型。其中大数据平台是基础,为线上的模型和策略提供了高质量的数据保障;决策引擎是媒介,承载了风控人员部署的模型和策略,输出客户的决策结果以及额度利率;智能模型是大脑,类似于传统风险管理体系中业务专家的角色,将原始数据提炼成组合规则和复杂模型,从而实时预测借款人的风险水平以及匹配的定价区间。

3.1　大数据平台

与传统金融机构不同,互联网金融机构面对的客户更为下沉,通常缺乏征信记录或者财产证明这些强金融属性的数据,因而风控人员需要更依赖其他弱金融属性的数据来帮助决策,这时就需要搭建一个稳定而高效的大数据平台来处理这些海量的数据。大体上来说,大数据平台可以分为 ODS、DW 和 DM 三层,分别对应着数据清洗、数据管理和数据应用这三个核心功能,一个典型互联网金融公司的数据架构通常如图 3-1 所示。

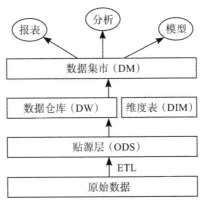

图 3-1　数据架构示意图

3.1.1　原始数据清洗

操作数据存储（Operational Data Store，ODS），又被称为贴源层，是原始数据经过 ETL（Extract-Transform-Load）清洗后存储的位置。ODS 通常有如下几个作用。

- ❑ 在业务系统和数据仓库之间做了隔离，将业务系统产生的原始数据备份的同时，保证了两个系统之间数据的一致性。
- ❑ 存储了业务侧的明细数据，方便后续的查询和加工以及报表的产出。
- ❑ 完成数据仓库中不能实现的一些功能，相比于 DW 和 DM 层通常使用 Hive 查询，ODS 一般利用更底层的编程语言加工而成，可以实现一些更复杂和更高效的 ETL 操作。

此外，ODS 层保留了大量的历史明细数据，通常约定只能增加不能修改，利用时间分区的方式进行区分。

3.1.2　数据仓库管理

数据仓库（Data Warehouse，DW）是企业级数据集中汇总的位置。DW 层最大的特点是面向主题，根据不同的主题设计表的结构和内容，这样做的好处是排除了与主题无关的冗余数据，提高了特定主题下的查询和加工效率。另一方面，数据仓库作为连接原始数据和标签之间的中间层，必须保证数据质量，包括唯一性、权威性、准确性等。以风控主题为例，DW 层中通常会包括授信、支用、还款、催收等一系列数据，方便后期相关标签的计算。另外，还会有一些公用的维度表被存在与 DW 层平行的 DIM 层中，这些表通常是一些城市、日期类的字典数据，贯穿多个主题数据。

3.1.3 数据标签应用

整个数据平台的最上层是数据集市（Data Market，DM），也是与风控人员联系最紧密的一层。顾名思义，数据集市就是将数据仓库中的主题数据根据不同的业务需要挑选出来，构成特定的业务场景标签。例如想构建与客户逾期表现相关的标签，只需要将 DW 层中与还款相关的表抽取出来加工即可，这样不仅结构清晰，还保证了标签计算的效率。由于 DM 层的数据标签与业务联系较为紧密，建议在 DM 层逻辑设计的初期，让更多的业务人员参与进来，这样才能避免后期技术与业务在标签计算口径上不统一的问题。

最后想补充说明的是，由于大数据平台的计算链条较长，且充斥着大量的数据处理步骤，在实际生产中平台的监控和预警机制至关重要，例如对于上下游依赖关系的判断、每个时间分区数据量的监控、邮件和短信报警等，都是把控数据准确性和时效性的必要手段。

3.2 决策引擎

决策引擎作为风险管理领域中最具有代表性的模块系统，想必很多风控从业人员都与之打过交道。决策引擎各个模块的功能直接影响着一家机构风险管理能力的落地情况，如果没有一个功能齐全的决策引擎，经验再丰富的业务专家和建模人员也无法施展拳脚。机构通常通过外采和自研两种方式来获取决策引擎，美国两大征信巨头 FICO 和 Experian 的决策引擎产品都是比较常见的外采选择，而一些研发能力较强的头部互联网金融公司或大数据技术公司则会选择自研。然而不论通过何种渠道，以下几个模块功能都是必不可少的。

3.2.1 规则配置

总的来说，风险管理体系中的策略就是由若干条规则组合而成的，因而规则配置是决策引擎中最基础也是最常被使用的功能。风险管理场景下的规则，可能会涉及如下几种形式：规则集、决策表、决策树和函数计算。

（1）规则集

对于单条规则的配置，风控人员需要选择对应的数据标签和阈值，并且约定命中该条规则的结果，比如拒绝或者通过。对于包含多条规则的规则集，风控人员除去需要配置单条规则的内容，还需要确定规则与规则间的逻辑关系，比如"且"和"或"等。同时，对于每个规则集需要记录下生效的风控环节、有效日期、当前状态、优先级、拒绝码、操作人等，方便规则集上线后的跟踪测试和意外情况下的版本回滚。

（2）决策表

决策表多使用在额度、利率和贷款期限的场景下，方便风控人员从多个维度交叉来做出风控决策。例如贷款额度的确定，通常需要从还款能力和还款意愿两个角度来考虑，利用决策表可以更方便地观察到两个标签的分割点和各个方格内对应的额度数值。

（3）决策树

对于具有前后依赖关系的复杂规则，规则集和决策表都不能很好地支持，因而需要引入决策树的模块。决策树基于二叉树的原理，通过配置根节点和内部节点的数据标签及选择条件，实现一个决策路径，这里每层内部节点的输出可以是两个或者多个。决策树的另一个优势就是易于可视化，通过这种树的形式，风控人员可以清晰地看到多条规则之间的依赖关系和前后流转。

（4）函数计算

对于一些机构，其贷款的额度策略可能如下所示：初始额度 = round（min（收入 × 风险系数 + 理财 – 负债，50000），500）。显然，为了实现上述的额度策略，在规则配置环节还需要加入函数计算的功能，例如加减乘除、最大最小、取整等最常见的函数。有些比较完善的决策引擎甚至还具备日期推算、财务计算、文本处理等相关函数。

3.2.2　模型部署

在智能风控时代，搭建和运用模型的能力越来越重要，因而一个成熟的决策引擎一定是可以支持多种模型的导入和部署的。在风险管理场景中，最常见的模型是评分卡模型和机器学习模型，它们的部署方式也不尽相同。

（1）评分卡模型部署

评分卡模型的部署相对较为简单，只需要在决策引擎中选择最终入模的标签，同时设置每个标签的分箱及对应的分数，这样对于每一个借款人的申请，决策引擎都可以实时计算出该客户的评分，并且将模型分数作为一条规则。与规则集类似，由于整个风险管理流程中会涉及多张评分卡，因而需要注明每个评分卡的名称、有效时间、当前状态等，方便评分卡模型的统一管理。

（2）机器学习模型部署

随着智能风控技术的发展，很多头部互联网金融机构早已不局限于传统的评分卡模型，而是开始大规模地使用机器学习技术来搭建模型。与评分卡模型相比，机器学习模型的入模变量更多，且不再是变量之间加权和的线性关系，而是一种非线性关系，因而普通的模型部署功能已经不再适用于复杂模型部署的需求。目前比较好的解决方案是在决策引擎中支持 PMML 文件的导入。PMML（Predictive Model Markup Language，全称预测模型标记语言）本质上是利用 XML 格式描述和存储了机器学习模型。PMML 文件最大的优势是支持跨平台开发，风控建模人员可以在

Python、R、Spark MLlib 等环境中训练机器学习模型并产出 PMML 文件，进而导入决策引擎中进行实时预测。

3.2.3 冠军挑战者

有了规则和模型，如何去验证风控策略的有效性呢？风控人员可以通过回溯规则和模型的结果，在历史数据上离线计算该策略下的逾期率和核准率。但是离线回溯的方式通常有三个问题。

第一，历史上被拒绝的客户的实际贷后表现是无法观察的，这就造成了测算的逾期率存在一定偏差。

第二，机构的风控策略中通常会涉及外部数据源，这些外部数据源可能存在无法回溯的问题，导致无法在历史数据上完全复现当前的风控策略。

第三，由于大环境或者其他策略的影响，历史客群和当前客群存在一定的差异，历史数据上回溯的效果并不能完全代表当前线上的实际情况。因此，支持线上测试是决策引擎中比较重要的功能，而线上测试就离不开"冠军挑战者"技术。

"冠军挑战者"也被称为 A/B 测试，目的是比较多个实验组策略和当前对照组策略的线上效果，从而找出其中最优的策略。风控人员首先通过离线回溯的方式制定几套实验策略，然后通过决策引擎中的"冠军挑战者"模块部署相应的规则和模型，通过观察一段时间内各个实验组的逾期率和核准率，来决定是否替换当前线上的对照组。"冠军挑战者"背后有如下几个关键的技术点需要保障。

1）样本随机性。实验组和对照组中的样本划分需要保证随机性，尽可能保证实验组和对照组都落在同一个时间段和产品线内，排除客群变化和营销活动对于策略效果的影响。

2）样本互斥性。实验组和对照组中的样本必须保证严格互斥，也就是说不存在样本既在实验组又在对照组中的情况。对于两个完整的决策树规则集，这个要求通常比较好实现；但是如果想比较决策树中节点之间的效果，就要做到每个叶子节点向下划分的样本集互斥，这样才能保证每个实验组都是独立的。

3）样本显著性。实验组和对照组中的样本数量不宜过少，如果样本太少的话会造成策略效果不显著，无法完全相信策略的线上效果。为了获得样本的显著性，风控人员在制定实验的时候需要充分考虑每天的流量，确定每个实验组的样本量和实验运行时间，保证实验结果的有效性。

4）实验完整性。如果只是在策略集中的某几个节点新增实验组的话，还要保证样本流入节点前和流出节点后策略的完整性，这样才能观察到实验前后整个策略集的线上效果。

3.2.4　版本和权限管理

除去前面介绍的几个涉及核心功能的模块外，版本和权限的管理对于决策引擎来说也很重要，这两个功能的目的是最大程度地降低人工操作带来的风险。在人工配置规则和模型的过程中，难免会存在一些操作上的失误，有了版本管理功能，就可以快速定位配置中的问题，并且在必要的时候回滚到上个版本的策略，减少线上的损失。权限管理功能则保证了线上策略的安全性，各个策略模块由专人管控，最核心的策略只有风控团队内最资深的专家才可以浏览和修改，避免了核心策略泄露造成的欺诈隐患。

3.3　智能反欺诈模型

传统的反欺诈技术主要依赖于案调人员的事后调查和业务专家总结的黑名单库及规则集，对于欺诈案件的发现相对滞后，且召回率低，错过了很多潜在的欺诈风险。智能反欺诈模型作为大数据时代的产物，利用海量数据和机器学习算法，能够主动发现个人和团伙的欺诈风险，帮助业务人员预警和防范。目前在业界中落地较多且取得了一定效果的主要是无监督学习和图计算这两类算法。

3.3.1 无监督学习

无监督学习（Unsupervised Learning）是机器学习的一个分支，主要解决训练样本在标签缺乏情况下的模式识别问题，这类算法主动学习的特性能够很好地满足互联网金融机构对于反欺诈场景的业务需求。聚类（Clustering）是无监督学习中应用最广的一种算法，它的学习目标是将样本集划分为若干个不相交的簇，每一个簇都具备特定的规律。在聚类的时候，我们希望簇内相似度高，并且簇间相似度低，这样才能使聚类后的结果区分度最优。聚类有多种方式，可以基于距离、概率、密度等给出不同的计算结果。在反欺诈场景中，建模人员既可以观察聚类结果，直接找出异常簇作为疑似欺诈客群，又可以利用簇内相似性的原理，将与欺诈客群处于同一个簇的其他样本打标，扩充标签数据后训练分类模型。

孤立森林（Isolation Forest）是另一种在反欺诈场景中被尝试过的无监督算法，于2008年被周志华教授团队首先提出。与聚类算法通过距离、密度等量化指标识别异常样本不同，孤立森林基于二叉搜索树原理，利用多棵树的随机划分，找出最容易被孤立出来的样本作为异常样本。异常样本到根节点的平均路径长度，则可以看作是该样本的异常程度，平均路径长度越短，异常程度越高。由于原理不同，孤立森林可以与聚类相融合，从不同角度量化样本的异常程度，从而提高召回样本的准确性。

在深度学习中也有一种无监督学习算法，自编码器（Autoencoder）。它通过神经网络结构将原始样本从高维空间压缩到低维空间，从而最大化保留样本的信息量。自编码器分为两部分：第一部分是编码器（Encoder），它的作用是将样本集通过多层网络映射到一个低维空间；第二部分是解码器（Decoder），在训练时通过反向传播不断优化网络参数，使得模型的损失函数最小。编码器留下信息量最大的维度，同时解码器将低维空间还原到样本集原始的高维空间，其中与原始分布差异较大的样本，可以看作异常样本。

自编码器对于训练样本的数量和维度有一定要求，在样本量足够大的情况下可以尝试这种深度学习方法，找出疑似异常客户。

3.3.2 图计算

图计算（Graph Computing）是以关联图谱为基础引申出来的一类算法的统称，主要解决了图数据模型的表示和计算问题。图计算是目前比较热门的一个研究方向，比较成熟的应用场景有社区发现、标签传播、图嵌入等。社区发现（Communication Detection）主要用于关联图中社区的划分，与聚类算法的目标类似，我们也希望社区划分后每个社区内部节点联系密切，而社区之间的连接较为稀疏，因而这里定义了模块度的概念。简单理解，模块度是社区内部节点的连接边数与随机情况下边数的差，这个差值越大说明社区内部的连接程度越紧密。以最大化全局模块度为学习目标，就有了经典的Louvain算法。Louvain算法在初始化的时候将每个节点看作一个社区，通过分配节点使得相邻社区的模块度增益最大，直至所有社区不再变化，之后将生成的社区压缩成一个新的节点，重复上述工作，直至整个图中的模块度不再变化。Louvain在Spark环境下已经实现分布式，因而可以较好地支持工业界的需求。

标签传播（Label Propagation Algorithm，LPA）是一种基于关联图的半监督学习方法，利用已标记的样本来推论未标记的样本。标签传播算法的核心在于利用节点之间边的权重构建转移矩阵，每轮传播后更新除已标记样本外其他样本的标签，直至所有样本的标签收敛。标签传播算法最大的优势是简单高效，不过也存在结果不稳定等问题。

图嵌入（Graph Embedding）借鉴了NLP中word2vec的思想，将关联图中的节点嵌入某个高维空间中，使得每个节点向量化，并且映射后的向量还能够保留图的结构和性质。图嵌入的方式有很多，例如DeepWalk、Line、node2vec、SDNE等，并没有绝对意义上最优的嵌入方式，需要建模人员根据数据的分布特性和实际业务效果，不断地尝试和迭代。图嵌入后的向量可以表示每个样本的社交属性，既可以作为入模特征放到欺诈或者风险模型中训练，又可以利用聚类算法进行客群间的划分。

3.4 智能信用风险模型

第 2 章中已经介绍了传统评分卡模型的方法论，在最后也提到了评分卡模型存在入模变量少、迭代周期长等劣势，并不足以支持互联网金融机构的风险管理需求。随着大数据和机器学习技术在风险管理场景中应用的相对成熟，新一代的智能信用风险模型出现了。智能信用风险模型基于海量数据搭建，利用了先进的机器学习和人工智能算法，构建多个子模型和集成主模型的方式，大大提升了模型的区分度和时效性，弥补了传统风险管理体系中的诸多不足。整个智能信用风险模型体系如图 3-2 所示。

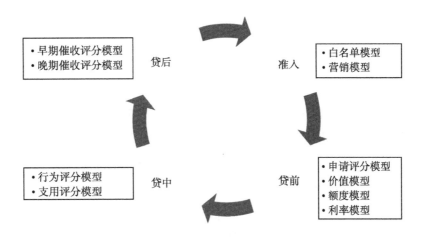

图 3-2　智能信用风险模型体系

对于智能信用风险模型，风控建模人员通常会将整个信贷生命周期划分为准入、贷前、贷中、贷后四大场景，由于每个场景中的目标和数据源存在差异，又会选择不同的算法来搭建模型。下面会简单介绍一些智能风控时代常用的模型算法及其适用的场景和原因，更多算法细节会在第 5 章中展开。

3.4.1　专家模型

额度和利率模型本身对于准确性并没有很高的要求，更多的是业务人员出于经验给出的一个合理的额度和利率范围，要求有较好的可解释性，因而传统的专家模型（Expert Model）在这里较为适合。对于额度模型，目前行业内比较常见的思路有两种。

第一种是利用申请评分卡和价值模型构建二维矩阵，针对逾期风险较低且平台价值较高的客户给予较高的额度，针对逾期风险较高且平台价值较低的客户给予较低的额度。

第二种是从客户的收入、资产、支出、负债四个方面衡量，大致计算出客户的可支配收入，通常客户每个月的还款金额不超过每个月可支配收入的60%。

利率模型相对简单，通常直接与申请评分卡所预测的逾期风险挂钩，最高不超过监管要求的综合年化利率36%。

3.4.2 逻辑回归

作为风险管理领域中最为经典的算法，逻辑回归（Logistic Regression，LR）在智能风控时代依旧被使用，其兼顾区分度和稳定性的优点，对于白名单模型来说较为适合。在准入环节，机构希望了解整个平台的客群质量，进行风险分层并圈定产品的目标客群，并且每个分层对应的客群逾期率相对于时间的推移是稳定的，逻辑回归模型可以很好地满足这个需求。另外由于白名单模型需要覆盖平台的全部流量并且进行批量更新，出于数据成本的考虑，不会像申请评分模型一样调取大量的外部数据，能够依赖的数据维度较为单一，这种低维情况下选取逻辑回归较为合适。

3.4.3 决策树

决策树（Decision Tree）是智能风控时代运用最广泛的技术，不仅可以被业务人员应用来搭建风控策略中的决策流，还是许多建模人员常用的集成树算法的基础。通常情况下，一棵决策树包括一个根节点、若干个内部节点和若干个叶子节点，根节点和内部节点对应数据维度，每一层节点对应的客群根据数据维度阈值的划分结果，落入下一层节点，叶子节点对应最终的决策结果。对于每一层节点的划分，希望划分后的客群尽可能属于同一个类别，例如逾期或不逾期，这样一层层下来搭建的决策树才能最终将客群区分开。对于决策树的使用，业务人员和建模人员的侧重点有较大的区别。业务人员更偏向于决策树的可视化，希望找到若干条决策路径，构建涵盖多个数据标签的复杂规则；而建模人员则利用多棵决策树集成的算法，学习到已有逾期客群和正常客群背后分布的规律，并把这个规律应用到未来进行逾期预测。

3.4.4 集成树

集成树（Ensemble Tree）是树类模型集成算法的统称，例如Random Forest、AdaBoost、GBDT以及大名鼎鼎的XGBoost都属于集成树的范畴。顾名思义，集成树将决策树作为基学习器，利用集成学习的思想，以不同的方式叠加而形成。集成树既具有决策树本身解释性好的优点，又具有集成学习带来的准确性和区分度的提升，一些特殊的框架例如XGBoost，由于加入了正则化项，还保证了模型的稳定性。集成树算法相比于神经网络算法，对于数据量和数据维度的要求并不算高，通常数据量满足5万、数据维度大于100，就可以尝试建模，因此被各大互联网机构应用于申请评分模型、行为评分模型、催收评分模型、价值模型的搭建工作中，是目前建模人员首选的机器学习算法。

3.4.5 深度神经网络

深度神经网络（Deep Neural Network，DNN）在AI领域已经落地较多，在智能风控领域也有着越来越多的尝试。对于头部互联网金融机构的贷前场景来说，由于业务开展较早和规模较大，已经积累了几十万的申请样本和对应的还款表现，并且内外部数据标签上千维，可以利用DNN建立申请评分模型。DNN是深度学习中最经典的框架，由输入层、若干个隐藏层和输出层组成。其中，每个隐藏层都具有若干个节点，层与层的节点之间具有连接，需要求解连接的函数，来确定一个最优的DNN模型。看似复杂，其实DNN与我们熟悉的逻辑回归存在紧密联系，逻辑回归的本质是一个仅含有一个节点的单层神经网络模型，DNN可以理解为多个逻辑回归"交织"在一起，因此具有比逻辑回归强得多的学习能力。比DNN更进一步，

Google 于 2016 年提出 Wide&Deep 的框架，将线性模型和深度模型利用联合训练的方式结合起来，既保证了显性特征的可解释性，又挖掘了隐性特征的预测能力，也被智能风控领域的建模人员广泛尝试。

3.4.6 循环神经网络

除了 DNN 算法，循环神经网络（Recurrent Neural Network，RNN）是另一种在智能风控领域被尝试的神经网络结构。RNN 的特性是在时间维度上具有"记忆"功能，具体的实现原理是对于 RNN 的隐藏层，t-1 时刻的输出会作为 t 时刻的输入，这样当前时刻的隐藏层会包括之前所有时刻隐藏层的信息。这个特性使得 RNN 被应用到行为评分模型和催收评分模型的搭建中，因为支用行为序列和催收行为序列都具有很强的时间属性，利用 RNN 可以自动提取这些时间序列中的隐性特征。在时间序列中我们通常更希望关注近期行为，忽略远期行为带来的噪声，因此便有了长短期记忆网络（Long Short Term Memory，LSTM）。与 RNN 相比，LSTM 在各隐藏层节点之间传递信息的过程中，加入了输入门、遗忘门和输出门的结构，使得整个网络结构可以有选择性地"记忆"过去的信息，对于时间序列上的信息提取有了重大提升。

3.5 智能模型带来的提升

智能风控模型体系在很多方面弥补了传统方法论的不足，更加符合互金机构对于贷款业务线上化、自动化和智能化的需求。

3.5.1 数据广度和深度

从传统风控过渡到智能风控，最显著的提升就是数据使用上的广度和深度。对于传统金融机构，数据获取和挖掘的能力较为单薄，因而无法搭建更为复杂的规则和模型，阻碍了风控能力的发展。而对于当今的互联网金融公司，伴随着数据市场的逐步成熟和开放，机构能够获取越来越多平台外的数据；机构自身大数据平台能力的建设也使得大规模数据的清洗和管理不再是问题，原始数据的广度从百维拓展到了万维。另外，机器学习和深度学习模型结构上的创新，也使得建模人员有了更强大的武器来挖掘这些原始数据，数据本身的异常、缺失、弱相关等问题都被算法解决了，数据应用深度获得了极大的提升。

3.5.2 模型快速迭代和主动学习

相比于评分卡模型，机器学习和深度学习算法更少地依赖于人工经验，而是从海量数据中自动提取特征并预测结果。通常一个智能风控模型的迭代周期是 3～5 天，远远短于评分卡模型，因而可以快速迭代，把近期的数据都考虑到模型范围内。同时，因为不需要人工经验，智能风控模型完全可以部署到线上实现主动学习，从而缓解评分卡模型由于开发时间较长，导致上线后模型效果偏移的问题。

3.5.3 线上自动决策

搭建大数据平台、决策引擎和智能模型，使得机构真正具备了线上自动决策的能力。过去的传统贷款业务审批，多依赖于人工审核，不仅效率低下，还存在着人为的操作风险和道德风险。而如今把所有的规则和模型搬到线上，通过决策引擎输出决策结果，完全避免了人工操作中的风险，还大大降低了人力成本。

3.6 统计学与机器学习

本章的最后，笔者还想从更深层次对比一下评分卡模型和智能风控模型，其实本质上是对比一下统计学和机器学习这两种思维的差异。统计学的目的是描述自变量和因变量之间的关系，并且需要验证这个统计推断的显著性和健壮性；而机器学习的目的则是从大量历史数据中学习到规律，并把这个规律运用到未来的数据集中进行预测。以两类流派中都有的线性回归为例来说明这个问题。在统计学中，使用线性回归必须满足如下 4 个前提条件。

1）线性：自变量与因变量之间存在线性关系。

2）独立性：各样本之间相互独立。

3）正态性：回归残差服从正态分布。

4）方差齐性：回归残差不随变量的变化而变化。

同时拟合后，还需要对回归模型进行 F 检验，对回归系数进行 T 检验。如果 F 检验的 P 值小于阈值，说明该回归模型具有统计学意义；如果 T 检验的 P 值小于阈值，说明这些回归系数也具有统计学意义。而在机器学习中，我们并不需要这些较为烦琐的假设检验，只要线性回归模型在测试集上的预测能力足够强，就可以选用。针对变量之间相关性和共线性的问题，机器学习中可以通过加入 L1 或者 L2 正则化项的方式来缓解。

可以看出，统计学方法更看重建模分析过程，而机器学习方法则以模型效果为准。在传统风险管理体系中，由于数据量和维度的限制，不足以直接训练出一个预测能力较好的模型，因而需要依赖于统计学方法，从少量数据中找出稳定的关系。而在信息爆炸的数据时代，我们完全可以采用机器学习的手段，从数据中自动提炼出模型来预测未来的情形。

3.7 本章小结

本章介绍了目前互联网金融机构实现自动化审贷背后所依赖的三大核心技术：大数据平台、决策引擎和智能模型。大数据平台是基础，包括数据清洗、数据管理和数据应用的功能。决策引擎是媒介，需要支持规则配置和模型部署的需求，并且能够通过线上的"冠军挑战者"确定最优策略。模型部分是整个智能决策的大脑，既有能够主动识别的反欺诈模型，又有覆盖生命周期全流程的信用模型，具体算法细节将在第 5 章中展开。智能模型弥补了传统风控中数据较少和模型迭代慢等问题，并且基于机器学习算法能够自动学习数据规律进行预测。下一章我们将了解智能风控模型中常用的数据源和特征工程手段。

第 4 章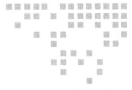

风控大数据体系

数据是一切模型的基础，智能风控模型最大的优势，就是运用海量数据来预测信贷场景中的信用风险和欺诈风险。本章首先从数据源和特征工程两个方面介绍了风控场景中的一些特色数据源及其加工方式，接着从实践的角度讲述了风控数据的测试和应用流程，最后强调了数据的安全性和合规性问题。风控行业野蛮生长的时代已经过去，随着国内外监控的趋严，我们有希望看到一个更加健康的数据环境。

4.1 数据源类型

风控场景下的数据源主要可以分为两类。一类是银行和互联网金融机构通过自身业务线产生的金融数据，包括征信报告、交易流水、理财产品等，这些强金融属性数据由于直接与客户的金融行为挂钩，因而能够比较好地刻画客户的风险状况。另一类是非金融机构产生的数据，例如运营商、地理位置、设备属性等，这些弱金融属性数据虽然不能直接反映客户的风险，但是通过特征和模型方式上的加工，能够对强金融属性数据起到较好的补充和增益作用，因此也被纳入风控大数据体系内。

常见的风控大数据体系如图 4-1 所示。

图 4-1 风控大数据体系

4.1.1 征信报告

介绍风控大数据，首先就要从央行征信报告说起。征信报告来自中国人民银行征信中心，是由国家设立的金融信用信息基础数据库，由国内各类放贷机构定期上报后经征信中心统一汇总而成。征信报告内记录了个人2年内的还款信息，5年内的不良信息，以及个人基本信息、担保信息、查询记录等，是建立风控模型最直接和有效的数据源。征信报告根据查询渠道的不同，又分为个人查询的简版和机构查询的详版，区别在于详版征信报告中记录了更多明细数据，方便风控人员信审和建模。目前市面上机构大规模查询的仍然是2009版的征信报告，此版本中包括个人基本信息、信息概要、信贷交易信息明细、公共信息明细和查询记录五大模块，下面选取与征信相关的后4个模块分别介绍。

（1）信息概要

与简版中的内容类似，主要包括借款人的贷款/贷记卡/准贷记卡笔数、贷款/贷记卡/准贷记卡的首次发放月份、逾期信息汇总、未结清贷款信息汇总、未销户贷记卡/准贷记卡信息汇总、对外担保信息汇总等，是央行加工的标准化特征，可以直接在策略和模型中使用。

（2）信贷交易信息明细

信贷交易信息明细是详版征信报告中最核心的数据，记录了借款人每笔贷款/

贷记卡／准贷记卡 2 年内的还款记录和 5 年内的逾期记录，还包括截止到查询日的账户状态、五级分类、余额和剩余还款期数、本月应还实还、当前逾期期数和金额、不同逾期阶段的未还本金等，基于这些原始数据，建模人员可以衍生出上百个定制化的特征，构建征信数据模型。

除去本人的借款明细数据，为他人担保的明细数据也会在这部分被记录，包括担保贷款合同金额、担保贷款发放到期日期、担保贷款本金余额、担保贷款五级分类等，也会被纳入模型中考虑，被担保人的逾期行为会成为担保人的重大减分项，体现在担保人的信用评分和贷款金额中。

（3）公共信息明细

主要包括了借款人 5 年内的欠税记录、民事判决记录、强制执行记录、行政处罚记录及电信欠费记录等，这部分数据通常缺失较为严重，但是一旦借款人出现过较为严重的判决处罚记录或者强制执行记录，通常会被金融机构直接拒绝。

（4）查询记录

记录了借款人的信用报告在最近 2 年内被查询的情况，查询原因包括本人查询、信用卡审批、贷款审批、贷后管理等。需要注意的是，查询次数过多对于风控模型来说通常都是减分项：本人查询次数过多，说明借款人有可能是金融同业或者潜在的逾期人群，正常人不会经常查询自己的征信报告；机构查询次数过多，说明借款人在多家机构存在贷款申请和逾期情况，如果信贷明细中又没有出现对应机构发放的贷款，说明借款人曾经被多家机构拒绝过，存在较高的信用和欺诈风险。因此一定不要随意查询或者授权过多机构查询自己的征信报告，会影响自身的征信记录。

在 2020 年 1 月中旬，征信中心已经正式上线新版征信报告。相比于老版征信报告，新版征信报告发生如下几点改动：

- ❑ 还款记录从 2 年延长至 5 年；
- ❑ 新增每期还款金额；

- 已销户账户的还款记录得以保留；
- 多类证件记录合并；
- 新增共同借款信息；
- 新增反欺诈警示。

随着征信报告升级以及越来越多的金融机构获准接入征信系统，相信行业内风控模型的预测水平在未来一段时间内能够进一步提升。

4.1.2 消费能力

消费数据主要来自银行卡的交易流水和部分互联网巨头所掌握的特定场景下的消费流水，例如电商、出行等。消费数据主要包括客户的消费金额、消费频率、消费偏好、消费时段、消费排名、消费稳定性等，能够衡量客户的消费能力，从而计算客户的风险状况和收入情况。对于掌握了一些特定场景的互联网巨头，消费数据可以帮助筛选出一批体系内的活跃用户，用来开白或者增信，保证业务开展前期风险在可控范围内。

4.1.3 资产状况

资产状况可以分为固定资产和流动资产。固定资产包括房产和车产，多为挖掘类特征，通过有无特定类型贷款或者消费来判断：如果客户在银行有过房贷记录，或者在房产类商户有过消费行为，则该客户被判定为有房产；同理，如果客户在银行或者汽车金融机构有过车贷记录，或者在4S店和经销商有过购买行为，则该客户被判定为有车产。对于流动资产，则基于理财产品信息计算申购金额、申购频率、产品偏好、日均持仓等特征，描述客户的可支配资产。综合固定资产和流动资产两方面，对于高净值客群给予较优惠的额度和定价。

4.1.4 基本信息

基本信息也是风控场景中应用较为广泛的一类数据源，不仅可以用在准入阶段制定年龄和地区的白名单,也可以作为风控模型的入模特征。从个人经验来讲,年龄、性别、职业、教育背景、婚姻状况、出生地城市级别、常驻地城市级别等,在建模过程中重要性排名都会相对靠前。基本信息的获取一般也分为两类,事实类和挖掘类。事实类的基本信息数据源,包括征信报告个人基本信息模块,或者客户在各家金融机构办理业务时所填写的信息。这类数据源由于是客户本人填写的,除去强制性要求的四要素(姓名、身份证、手机号、银行卡号)外,其他信息都会存在准确性低和缺失率高的问题,无法直接用来分析建模。而挖掘类的基本信息,则是基于客户填写的四要素,关联机构内外部数据,通过规则和模型的方式构建完整的客户画像标签,从而指导后续的模型建立。技术能力较强的互联网金融机构都会专门设立一个团队来持续维护和迭代这部分画像类标签。

4.1.5 黑名单

市面上的黑名单数据来源较为广泛,定义也各不相同,这里分情况来介绍。首先是公安部门的黑名单和最高法院的失信被执行人,这类数据命中率不会太高,但是被命中人群都是有过案底或重大违约记录的,应当配置策略直接拦截。其次是互联网巨头,包括阿里、腾讯、京东等,对外输出基于体系内数据和坏样本的黑名单评分模型。这些巨头对于客群数据覆盖的广度和深度较高,并且都有极强的金融风控建模能力,可以在一定阈值下使用。除了互联网巨头公司,互联网金融行业内还有一些深耕多年的大数据公司,汇总了一批多头和信贷逾期黑名单并对外输出。这一类黑名单产品各家之间通常差异不大,机构可以从命中率、准确性、价格等多方面考虑,选择其中几家接入即可。最后还有一类黑名单,是金融机构在业务开展过程中自行积累的内部黑名单库,包括欺诈名单、严重逾期名单、欺诈设备 ID 等,这部分黑名单数据更加贴合机构自身的业务和数据特性,并且生成逻辑透明,可以通过案件调查的方式深挖背后隐藏的规律。

4.1.6 多头借贷

多头是指客户在多家借款机构发生注册、申请、贷款、逾期等行为,是信贷风控场景中一类具有特色并且非常重要的数据源。对于存在多头行为的借款人，通常代表该客户在近期内资金状况较差，在多个平台上寻求贷款并且身背大量共债，暗含着较高的信用风险和欺诈风险，是金融机构需要重点识别和筛选的客群。基于多头的原始数据，可以结合机构类型、频率、金额、时间周期等维度，衍生出上百维特征，区分度较高的可以直接制定策略拦截，区分度较低的可以单独建立子模型或者融入主模型，通常能够给已有模型 KS 带来 3 ~ 5 个点的提升。需要注意的是，随着近年来资金平台数量越来越多，整个行业中借款人的多头情况都在增加，因而需要随时监控线上策略和模型中多头特征的稳定性，通过调整阈值或者迭代模型的方式避免多头特征波动导致的授信通过率持续走低。

4.1.7 运营商

运营商数据主要通过与三大运营商直接或者间接合作获得，目前整体接入价格较高，机构会优先选择几个验真类服务接入，通过输入手机号码，运营商返回是否真实、是否小号、是否疑似养卡等字段，帮助机构进行反欺诈验证工作。除去验真类数据，在网时长和在网状态这两个特征，由于覆盖三网并且接入渠道较多，也经常被用于风控策略和模型中。

4.1.8 地理位置

由于业务需要，各类互联网金融 App 都会或多或少地采集借款人的地理位置信息用于风控建模。在信用风险方面，通过借款人的出行习惯和出行规律，判断借款人是否有车有房，以及公司和家庭地址的稳定性；在欺诈风险方面，通过借款人申请地点的历史聚集性和逾期情况，来判断是否涉及中介申请或者个人恶意欺诈。对于各大头部互联网金融公司，目前地理位置数据被严格禁止运用在贷后催收场景，防止出现暴力催收等上门事件，客户也可以在手机中设置该 App 仅在"使用期间允许访问位置信息"，减少地理位置数据被过度采集。

4.1.9 设备属性

目前大多数信贷业务均发生在移动端,因而借款人在贷款申请时所使用的移动设备也能够很好地被用来进行风险识别。设备属性包括设备 ID、设备型号、手机品牌、操作系统、版本型号、连接 WiFi 的 MAC 地址等。其中设备型号和手机品牌可以衡量一个人的消费能力和资产状况,使用高端手机的客群通常逾期风险较低;设备 ID 和连接 WiFi 的 MAC 地址这类可以唯一确定的属性,可以制作成黑名单,防止欺诈案件的产生。对于 Android 和低版本的 iOS 手机,还可以通过安全 SDK 埋点的方式,扫描该手机是否存在安装模拟器、修改定位、更改设备信息等高危情况,一旦出现应该立刻拒绝。

4.1.10 操作行为

对于隐蔽性较强的欺诈风险,操作行为数据是目前应用较多并且效果比较好的一类数据源。通过分析借款人的操作习惯、页面停留时长、人脸失败次数等特征,风控人员可以量化每笔操作涉及第一方欺诈或者第三方欺诈的可能性,进而实时提醒或者拦截,预防欺诈案件的发生。不过操作行为数据虽然效果明显,但是由于是线上实时采集和计算的,难免存在线上数据丢失、计算延迟、线上线下模型特征差异等问题,需要风控人员在离线建模阶段进行更细致的分析,并且做好线上实时监控的工作。

4.2 特征工程方法

在模型圈内有这么一句俗话,"特征决定了模型的上限,而算法只是逼近这个上限",由此可见特征工程在风控建模中的重要程度。特征工程的本质是基于原始数据的信息提炼,风控场景中的很多数据源,单独来看可能和风险表现关联性并不强,但是加工成特征后,却会与我们想要预测的目标产生紧密的联系。特征工程的方法有很多,有效的风控特征是建模人员通过历史经验和长期探索积累而来的,也是一家互联网金融公司最核心的数据财富。以下是笔者总结的一些在智能风控模型中常见的特征工程方法。

4.2.1 统计量

统计量是特征工程中最常用到的一类方法，是对于原始数据的浅层加工。风控场景中原始采集到的多为明细数据，通过统计量的方式，可以快速地汇总并刻画出数据分布的规律，在短时间内构建上千维特征。常见的统计量包括总和、最大值、平均值、比例、排名、最早、最近等，可以从金额、频率、天数、类型等多个角度出发，结合时间窗口的因素去尝试构建。以征信报告中 24 个月的还款明细为例，可以有历史 / 当前逾期本金、历史 / 近 18 个月 / 近 12 个月 / 近 6 个月逾期次数、历史 / 当前最大逾期天数、最早 / 最近逾期距今时长、信用卡 / 贷款逾期本金占比等多个特征，这些特征从各个角度描述了借款人的信用历史状况。

4.2.2 离散化

大多数的原始数据都是数值型，可以加工成统计量，但也有少部分的数据本身是字符型，或者加工成统计量有违实际含义，此时就需要用离散化的方式来处理。离散化是将连续值转化为离散值的过程，常见于基本信息的加工中。离散化根据原始数据的特性又可以分为有序和无序两种。例如年龄，本身是存在排序性的，因此离散化的时候可以将 20～25 区间内的数据映射为 1，25～30 区间内的数据映射为 2，依次递增，保持年龄的单调性；而对于职业，由于不同职业之间无法进行排序，则需要通过独热编码（One-Hot Encoding）的方式加工成多个 0-1 特征，例如是否为白领、是否为蓝领、是否为商旅人士等。对比两种离散化方式，后者独热编码会导致特征矩阵的稀疏性，并且会损失一些数据本身的信息，因此可以通过业务经验或者计算 WOE 的方式，优先考虑将这些字段映射成有序的离散化特征。另外，离散化后的特征具有更好的稳定性，因此也经常被用在风控建模中，用来提高模型的泛化能力。

4.2.3 时间周期趋势

对于积累时间较长的原始数据，还可以加工一些时间周期类特征，包括标准差、变异系数、同比、环比、新增数、连续增长、连续下降等，考察借款人的变化趋势。这类特征通常在风控场景下具有较好的应用价值，因为这些长短期特征能够天然地刻画出客户中长期的信用风险和短期内的欺诈风险。以消费金额为例，从时间周期的角度，可以加工成近6个月标准差/变异系数/新增场景数/连续增长月份数/连续下降月份数、本月同比/环比等，描述了借款人长短期内消费能力的波动情况和方向。

4.2.4 交叉项

单一特征能够提取的信息总是有限的，因此还需要引入交叉项特征，综合考虑两个或者多个原始特征的影响。生成交叉项也有两种思路，基于经验和基于模型。基于经验的方法主要是从业务理解的角度出发，人为地构建一些交叉项组合，放到风控模型中去尝试。交叉项的两个原始特征最好是相关性不高的，例如近6个月的消费总金额和消费金额稳定性，这样构建的交叉项才能够在已有的原始特征之上带来增益。基于模型的方法则是利用树类模型学习目标函数生成大量叶子节点特征，比较经典的方案是Facebook在2014年提出的GBDT+LR模型，其模型结构如图4-2所示。

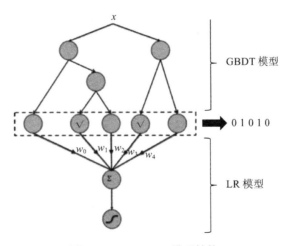

图 4-2　GBDT+LR 模型结构

其中，每个叶子节点对应一个 0-1 特征，如果满足叶子节点路径上的条件，输出 1，否则输出 0。例如图 4-2 中的例子会输出一个五维的 0-1 特征，再输入最终的逻辑回归模型中，交叉项总维度为树的棵数与每棵树的叶子节点个数的乘积。与人工经验方案相比，模型方案的优势在于省时省力，利用树类模型的特性自动提取比较重要的交叉项组合；缺点是这些交叉项是基于特定目标学习生成的，对于其他目标通用性不强，并且与离散化一样，存在特征矩阵过于稀疏可能导致模型过拟合的问题，需要利用特征压缩或者正则化的方法进一步处理。

4.2.5 隐性特征

除去上面介绍的这些显性特征，还有一类没有具体业务含义的隐性特征，是通过深度模型挖掘得来的，是对客户商品购买、出行地点、点击行为的高维向量表示，已经在许多头部互联网金融机构的风控模型中得到了效果验证。这里介绍隐性特征挖掘中常用到的一类方法——Embedding。Embedding 最早在 2013 年被 Google 应用于 word2vec 模型中，本意是训练文本中的词向量，基于上下文找出相似的词，其模型结构如图 4-3 所示。

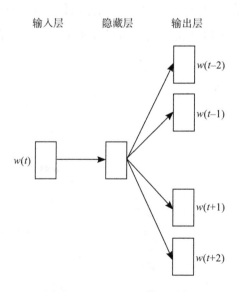

图 4-3　Embedding 模型结构

其中，$w(t)$ 是输入的词，$w(t-2)$、$w(t-1)$、$w(t+1)$、$w(t+2)$ 是上下文词的概率，中间的隐藏层就是我们想要的 $w(t)$ 的向量表示。通过这种方式可以对文本中所有的词进行向量化。这种思想也被借鉴到风控场景中的特征挖掘，不同的是这里的文本变成了客户的行为数据，而每个词对应了每一类行为，利用 Embedding 的思想将行为数据向量化，再输入深度学习模型中与其他显性特征一同训练。

4.2.6 用户画像

最后还有一类特征，主要基于风控建模人员通过数据分析或者专家经验给出逻辑加工而成，这里统称为用户画像。画像类特征是风控建模场景中较为常见的一类特征，是对金融机构内外数据源的高度浓缩，既可以加入风控模型中增强可解释性，也可以在满足合规要求后对外输出。每个用户画像背后都有一套复杂的逻辑，例如有房指数，有过公积金贷款和房贷记录的客户，有房指数为 1；居住地和身份证一致的本地人，或者居住地稳定的高净值用户，大概率有房，有房指数为 0.9；对于剩余客户，可以利用基本信息、消费能力、资产状况、地理位置等数据源构建预测模型，输出 0 ~ 1 之间的概率值；最终利用准召曲线来确定有房人群阈值。

4.3 数据测试与应用

智能风控模型的搭建离不开机构内外部的数据源，如何从海量数据源中挑选出最合适的部分进行特征工程和风控建模，是风控人员在实际工作中所面临的问题。线上每个数据源的引入，都需要先通过一套完整的数据测试和应用流程。

4.3.1 联合建模机制

数据合作存在于风控场景中的各个玩家之间，大数据公司和互联网金融公司之间需要进行原始数据和底层特征的交互，互联网金融公司与传统金融机构之间也需要有模型分数和用户画像之间的交互。在当前的监管要求下，纯粹的数据合作已经越来越少，联合建模机制被广泛地应用于数据测试环节。联合建模是指数据需求方提供一批主键加密的客户样本，与数据提供方进行撞库，匹配出这批客户的底层数据，然后需求方在提供方的建模环境内进行数据分析和建模工作。最终需求方的线上模型也部署在数据提供方的机房内，大数据公司不输出任何明细字段。这样的机制保证了大数据公司的数据安全，互联网金融公司也没有泄露客户的任何信息，是满足当前监管要求的一种方案。

除去这种联合建模机制，近两年也有多家科技公司提出联邦学习的概念，使得多家数据源公司能够将加密后的原始数据汇总到一起来共建模型。这一概念背后主要是利用了同态加密的原理，加密后的数字可以进行乘法和加法运算而无须解密；对于逻辑回归和深度学习模型，事实上可以拆分为加减乘除、sigmoid、tanh 和指数函数等少数几个计算组件，后三个函数都可以通过泰勒展开无限逼近来实现，因而已经能够支持联邦学习。不过目前联邦学习还存在计算量大、通讯要求高等问题，或许未来可以将区块链和 5G 技术引入其中解决这些痛点。

4.3.2 数据质量评估

在最终入模前，需要对内外部的数据源进行质量评估，主要从覆盖率、稳定性、模型效果和投资回报率（Return On Investment，ROI）四个方面考虑。

（1）覆盖率

对于数据源的评估，覆盖率是首要考虑的因素，如果对于机构客群的覆盖率太低，则不满足建模的需求。通常外部数据源的覆盖率要在 70% 以上才会接入，不过像运营商和设备属性（通常只能覆盖 Android 手机）类数据，由于客观因素限制，可以考虑建立子模型。

（2）稳定性

风控模型通常迭代周期较长，对于稳定性的要求也会比较高。对于内外部特征，都需要计算 PSI 来进行筛选，小于 0.1 才会考虑纳入模型。除去特征稳定性，还需要考虑系统层面的稳定性，对于线上调用经常超时和因为监管因素有下线风险的数据源，不建议接入，应优先考虑更为稳定的内部数据源。

（3）模型效果

满足了覆盖率和稳定性的前提，才会进一步考虑数据源在模型上的表现。单特征的效果可以通过 IV 值或者树类模型的特征重要性来衡量；整体特征的效果可以从单独建立子模型和融入已有模型观察增益这两个方面来考虑。

（4）投资回报率

在外部数据源正式采购前，还需要详细计算该数据源的 ROI。首先，在保证效果的前提下，同类数据源能否在市场上找到最便宜的提供方；其次，外部数据放在哪个环节调用对于整体策略的收益最大，是否需要梯度式调用，这些都是需要考虑的问题。

4.3.3　线上应用

最终的应用环节，需要根据数据源的差异制定不同的线上方案。对于内部数据源，可以采用 T+1 或者 T+7 的形式跑批，模型结果线下批量更新完后再服务化；而对于外部数据源，由于成本较高，通常采用 API 调用的方式，线上实时计算模型结果并服务化。涉及外部数据源的模型，应先测试线上小流量，待确认数据提供方系统稳定后再放开流量。

4.4　数据安全合规

2018 年 5 月，欧盟出台了《通用数据保护条例》（General Data Protection Regulation，GDPR），数据的安全合规问题再一次被风控从业者们所关注。就国内而言，从 2017 年 "数据堂" 侵犯个人信息案，到 2019 年底警方查处一批爬虫数据公司，风控数据乱象正得到逐步整治。2019 年 5 月，国家互联网信息办公室也发布了《数据安全管理办法（征求意见稿）》，着重规范了网络运营者对于个人信息和重要数据的安全管理义务。

在该管理办法中，将利用网络开展数据收集、存储、传输、处理、使用等活动统一规范为数据活动，除纯粹家庭和个人事务外，在中国境内开展数据活动的行为都将受管理办法的制约。同时在此管理办法中，新增以下若干条例：

1）将重要数据纳入监管；
2）新增个人敏感信息和重要数据备案管理制度；
3）新增向第三方提供重要数据的批准管理制度；
4）首次规范"爬虫"技术等自动获取数据的行为；
5）首次针对AI技术自动合成信息进行规制；
6）明确平台对于接入第三方应用的数据安全保障义务等。

对于风控工作者们来说，我们应该在安全合规的前提下采集必要的客户数据，并且利用大数据和机器学习技术最大化这些数据的价值，只有这样才能推动整个行业的健康发展。

4.5 本章小结

智能风控模型中常用的数据源可以分为金融数据和非金融数据，金融数据对于客户的风险状况区分能力较强，而非金融数据需要通过特征工程从中提炼信息。特征决定了模型的上限，特征工程中既包括统计量、离散化、时间周期等传统加工方法，也有 GBDT+LR 模型和 Embedding 这些涉及算法的复杂衍生方式。对于数据的引入需要搭建一套完整的测试和应用流程，并且最重要的是要在安全合规的前提下使用数据。

本章的最后，笔者结合前面讲述的数据源和特征工程方法，总结了一套风控指标体系，如表4-1所示，供读者们参考。

下一章是全书最核心的部分，将详细介绍风控和反欺诈领域中常用的机器学习和深度学习算法，以及这些算法在特定场景中的应用方式。

表 4-1　风控指标体系

一级大类	二级大类	三级大类
征信报告 （包括贷款、贷记卡、准贷记卡）	信用时长	最早 / 最近开户 / 结清 / 还款距今时长、贷款类型为 XX 的信用时长最大值 / 平均值
	账户数量	历史 / 结清 / 未结清账户数 / 机构数、额度使用率大于 XX% 账户数、五级分类为 XX 的账户数、贷款类型为 XX 的账户数、信用类型为 XX 的账户数、近 XX 个月新增账户数 / 新增账户比例
	账户金额	历史 / 结清 / 未结清账户金额、未结清总金额、最高授信额度 / 最低授信额度 / 已用额度 / 剩余额度 / 近 6 月平均使用额度 / 近 6 月平均额度使用率、近 XX 个月新增账户金额 / 新增账户金额比例
	还款历史	最早 / 最近逾期距今时长、历史 / 当前逾期账户数 / 月份数 / 最大逾期期数 / 逾期总期数 / 单月最高逾期金额 / 逾期总金额 / 逾期总金额占比、近 XX 个月内最大逾期期数 / 逾期总期数 / 单月最高逾期金额 / 逾期总金额 / 逾期总金额占比、呆账、冻结 / 止付笔数、余额、单账户历史 / 当前最大逾期期数 / 逾期金额
	担保信息	最早 / 最近对外担保距今时长、对外担保总笔数 / 总金额 / 总本金余额、对外担保是否出现不良、五级分类为 XX 的对外担保笔数
	查询记录	最早 / 最近查询距今时长、最近 XX 个月内查询机构数、最近 XX 个月内查询次数、信用卡审批 / 贷款审批最近 XX 个月内查询次数
	其他信息	有无征信报告、是否征信白户、欠税记录数、民事判决记录数、强制执行记录数、行政处罚记录数
消费能力 （包括银行卡和电商）	消费历史	最早 / 最近消费距今时长
	消费金额	历史 / 近 XX 个月消费总金额 / 月均消费金额 / 笔均消费金额 / 大额消费金额 / 跨境消费金额 / 取消金额 / 失败金额、大额 / 跨境 / 取消 / 失败消费金额占比、场景为 XX 消费总金额 / 消费金额占比、商品类型为 XX 消费总金额 / 消费金额占比、单日最大消费金额 / 最大笔均消费金额、分期消费金额 / 消费金额占比
	消费频率	历史 / 近 XX 个月消费总笔数 / 月均消费笔数 / 大额消费笔数 / 跨境消费笔数 / 取消笔数 / 失败笔数、大额 / 跨境 / 取消 / 失败消费笔数占比、场景为 XX 消费总笔数 / 消费笔数占比、商品类型为 XX 消费总笔数 / 消费笔数占比、金额为 XX 消费总笔数 / 消费笔数占比、单日最大消费笔数、分期消费笔数 / 消费笔数占比
	消费偏好	历史 / 近 XX 个月消费金额 top1/top2/top3 商品类型 / 场景、历史 / 近 XX 个月消费笔数 top1/top2/top3 商品类型 / 场景
	消费时段	历史 / 近 XX 个月白天 / 晚上消费金额 / 消费金额占比、历史 / 近 XX 个月白天 / 晚上消费笔数 / 消费笔数占比、历史 / 近 XX 个月工作日 / 非工作日消费金额 / 消费金额占比、历史 / 近 XX 个月工作日 / 非工作日消费笔数 / 消费笔数占比

(续)

一级大类	二级大类	三级大类
消费能力（包括银行卡和电商）	消费排名	历史/近XX个月消费金额同城排名、历史/近XX个月消费笔数同城排名
	消费稳定性	历史/近XX个月消费金额/消费笔数标准差、历史/近XX个月消费金额/消费笔数变异系数、消费金额/消费笔数同比/环比、近XX个月新增消费商品类型/场景数、近XX个月消费金额/消费笔数连续上升/连续下降月份数
资产状况	固定资产	有车指数、有房指数
	收入情况	近XX个月入账金额/入账笔数/入账天数/最大入账金额/平均入账金额、近XX年连续入账月份数
	理财产品	最早/最近申购距今时长、近XX个月申购次数/申购金额/最大申购金额/平均申购金额、近XX个月XX类型产品申购次数/申购金额/申购金额占比、近XX个月总收益/日均收益、历史/当前持仓金额、日均持仓金额
基本信息	客户属性	年龄、性别、身份证城市级别、常住城市级别、常用地址类型、常用地址稳定性、常用地址风险等级
	家庭情况	婚姻状况、子女预测、婴幼预测、家庭地址稳定性
	工作信息	职业类型、行业、职务、公司类型、公司级别、工作地址稳定性
	教育背景	学历类型、毕业状态、学校类型、学校级别
多头借贷	多头历史	最早/最近申请距今时长、近XX个月申请最大/最小间隔天数、近XX个月有申请月份数/连续申请天数
	多头次数	近XX天在XX类型平台申请次数、近XX天在XX类型申请平台数、近XX天内新增平台数、单日最大申请次数/平台数、近XX天内被拒绝次数/次数占比
	实名信息核验	近XX个月申请身份证关联手机号/邮箱/地址个数、近XX个月申请手机号关联身份证/邮箱/地址个数
运营商	通话数据	近XX个月通话量/通话次数/通话量占比/通话次数占比、主叫/被叫/漫游通话量/通话次数/通话量占比/通话次数占比、通话时段分布
	流量数据	近XX个月流量/流量占比、流量时段分布
	短信数据	近XX个月短信数/短信数占比、短信时段分布
	账单信息	近XX个月账单总金额/平均金额/最大金额、当月储值金额、当前欠费金额
	客户属性	在网时长、在网状态、名下手机号码数量、终端设备数量、终端设备品牌
	互联网访问	XX类型App访问总次数/总时长/活跃天数、App类型分布、是否非法网站

（续）

一级大类	二级大类	三级大类
地理位置	地址类型	历史/近XX个月常用地址类型/房价/房价排名、历史/近XX个月出现频率top1/top2/top3地址类型、历史/近XX个月地址类型为XX的出现频率
	地址稳定性	常用地址稳定性、常用地址是否涉黑、近XX天涉黑地址出现频率
设备属性	设备类型	操作系统、版本型号、设备品牌/价格/价格排名
	设备稳定性	近XX天IP数量/城市数量/连接WiFi数量/连接涉黑WiFi次数
	设备安全性	是否涉黑、是否越狱、是否安装模拟器、是否修改定位、是否更改设备信息、是否安装多开软件
操作行为	访问历史	最早/最近访问XX页面距今时长
	访问次数	近XX天访问XX页面次数/四要素验证次数/四要素验证失败次数/人脸识别次数/人脸识别失败次数
	停留时长	XX页面/四要素验证/人脸识别停留时长、授信申请总时长

Chapter 5 第 5 章

智能风控中的常用算法

智能风控的核心是各类机器学习和深度学习算法,这些算法就像提炼工具,将数据"原油"转化为模型"石油",进而推动互联网金融机构在风控能力方面的建设。市面上讲解算法的图书已有很多了,笔者在本章只选取了与欺诈风险和信用风险相关的算法,结合风控场景应用的特性,着力于算法与风控的结合点展开。从大类上来看,我们常说的算法可以分为机器学习和深度学习,其中机器学习又包括有监督学习和无监督学习。图计算和强化学习作为近几年较为热门的研究方向,我们将单独来介绍。

5.1 有监督学习

对于有标签的训练数据,我们可以利用有监督学习(Supervised Learning)建立数学模型,并把模型运用到标签未知的数据上进行预测。在信贷风控场景中,已知存量客户的贷后表现,想从客户的各类数据中找出规律,来预测新增客户的欺诈和风险水平,这就是有监督学习中典型的分类问题。无论是传统风险管理中的逻辑回归,还是智能风控时代的各种集成树,都属于分类模型的范畴。

5.1.1 逻辑回归

逻辑回归（Logistic Regression，LR）是评分卡模型的理论基础，介绍逻辑回归就要先从线性回归（Linear Regression）说起。对于数据集 $D=\{(x_1, y_1), (x_2, y_2), \cdots, (x_m, y_m)\}$ 有 m 个样本，其中每个样本 $x_i = (x_{i1}; x_{i2}; \cdots; x_{id})$ 有 d 个属性，建立线性回归模型如下：

$$f(x_i) = \boldsymbol{w}^\mathrm{T} x_i + b \tag{5-1}$$

其中 w 和 b 是需要求解的模型参数。为了便于求解，我们定义向量 $\hat{\boldsymbol{w}} = (\boldsymbol{w}; b)$，向量 $\boldsymbol{y} = (y_1; y_2; \cdots; y_m)$，$\boldsymbol{X}$ 为一个 $m \times (d+1)$ 的矩阵，即：

$$\boldsymbol{X} = \begin{pmatrix} x_{11} & x_{12} & \cdots & x_{1d} & 1 \\ x_{21} & x_{22} & \cdots & x_{2d} & 1 \\ \vdots & \vdots & & \vdots & \vdots \\ x_{m1} & x_{m2} & \cdots & x_{md} & 1 \end{pmatrix} = \begin{pmatrix} x_1^\mathrm{T} & 1 \\ x_2^\mathrm{T} & 1 \\ \vdots & \vdots \\ x_m^\mathrm{T} & 1 \end{pmatrix} \tag{5-2}$$

根据最小二乘法（Least Square Method，LSM）原理，将均方误差（MSE）作为损失函数，希望模型参数的解 $\hat{\boldsymbol{w}}^*$ 能让预测值与实际值之间的 MSE 最小，即：

$$\hat{\boldsymbol{w}}^* = \arg\min_{\hat{\boldsymbol{w}}} (\boldsymbol{y} - \boldsymbol{X}\hat{\boldsymbol{w}})^\mathrm{T} (\boldsymbol{y} - \boldsymbol{X}\hat{\boldsymbol{w}}) \tag{5-3}$$

通过导数求解。

在风控场景下，模型预测的目标为客户的逾期情况，只有正常和逾期两种可能，是一个二分类问题，因而我们需要把线性回归的结果 z 转换为 $y \in \{0, 1\}$，这里就引入了对数几率函数（Logistic Function）：

$$y = \frac{1}{1 + \mathrm{e}^{-z}} = \frac{1}{1 + \mathrm{e}^{-(\boldsymbol{w}^\mathrm{T} x + b)}} \tag{5-4}$$

对数几率函数的曲线如图 5-1 所示，有如下几个良好的性质：1）与线性回归不同，不需要数据分布的前提假设，适用范围更广；2）模型输出 [0,1] 区间内的概率值，方便样本进行排序；3）最重要的是对数几率函数单调可微，可以利用很多数值优化算法求出最优解。

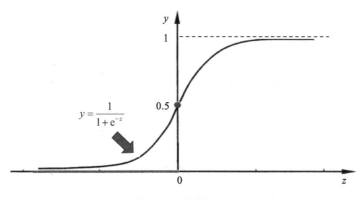

图 5-1　逻辑回归

公式（5-4）变化可得：

$$\ln\frac{y}{1-y} = w^\mathrm{T}x + b \tag{5-5}$$

可以看出，逻辑回归本质上是一个特殊的广义线性模型（Generalized Linear Model，GLM），因此逻辑回归相比其他机器学习模型具有更好的解释性。

求解逻辑回归利用极大似然估计（Maximum Likelihood Estimate，MLE），这与求解线性回归类似，因为 LSM 其实是因变量 y 服从正态分布条件下 MLE 的一个简化。似然函数如下：

$$l(w, b) = \prod_{i=1}^{m} p(y_i \mid x_i; w, b) \tag{5-6}$$

公式（5-6）转化后进行多轮求导，利用梯度下降法或者牛顿法求解。

5.1.2　决策树

决策树（Decision Tree）是风控从业者较常用的一门技术，业务人员利用它来配置复杂规则和实现决策流的可视化，建模人员则以它为基础衍生出很多复杂的集成树模型做预测。决策树中包括一个根节点、若干个内部节点和若干个叶节点，其中叶节点对应最终的决策结果，其他节点对应样本集的数据维度，决策树如图 5-2 所示。

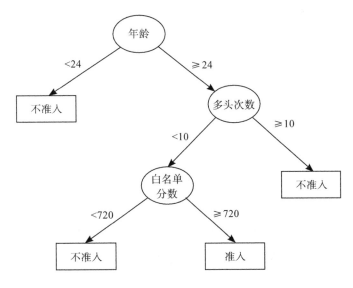

图 5-2　决策树

决策树的最终目的是希望每个叶节点中样本的类别尽量一致,因此每层节点的向下划分是生成一棵优秀决策树的关键。通常决策树的划分有 3 种方式:ID3、C4.5 和 CART。

ID3 基于信息熵理论,信息熵越大说明样本集中类别的不确定性越高,我们希望决策树向下划分的时候能够使信息熵逐渐减少,划分前后的信息增益(Information Gain)最大。对于数据集 D 中的 K 类样本,信息熵定义为:

$$\text{Ent}(D) = -\sum_{k=1}^{K} \frac{|D^k|}{|D|} \log_2 \frac{|D^k|}{|D|} \tag{5-7}$$

在特征 $a=\{a^1, a^2, \cdots, a^v\}$ 划分下,取值为 a^v 的样本集记为 D^v,那么特征 a 条件下数据集 D 的信息增益为:

$$\text{Gain}(D|a) = \text{Ent}(D) - \sum_{v=1}^{V} \frac{|D^v|}{|D|} \text{Ent}(D^v) \tag{5-8}$$

对于每个分支节点选择特征 $a^* = \arg\max_{a} \text{Gain}(D|a)$ 逐层向下,最终得到一棵完整的决策树。

观察信息增益的公式（5-8），决策树会优先选择离散值较多的特征进行分裂，这并不符合我们的期望。为了解决这一问题，将信息增益替换为增益率（Gain Ratio），便有了 C4.5 算法。增益率定义为：

$$\text{Gain\_ratio}(D|a) = \frac{\text{Gain}(D|a)}{\text{IV}(a)} \tag{5-9}$$

其中 $\text{IV}(a) = -\sum_{v=1}^{V} \frac{|D^v|}{|D|} \log_2 \frac{|D^v|}{|D|}$ 称为特征 a 的固有值。离散值较多的特征固有值通常较大，从而修正了决策树对于离散值较多特征的偏好。

还有一种与信息熵含义类似的度量指标叫作基尼指数（Gini Index），利用基尼指数构建的决策树叫作 CART。基尼指数定义为：

$$\text{Gini}(D) = 1 - \sum_{k=1}^{K} \left(\frac{|D^k|}{|D|} \right)^2 \tag{5-10}$$

基尼指数反映了从样本集 D 中随机选取的两个样本的类别不一致的概率，因而基尼指数越小，数据集的纯度越高。特征 a 条件下数据集 D 的基尼指数为：

$$\text{Gini\_index}(D|a) = \sum_{v=1}^{V} \frac{|D^v|}{|D|} \text{Gini}(D^v) \tag{5-11}$$

最优划分 $a^* = \arg\min_a \text{Gini\_index}(D|a)$。

在实际运用中，如果不加以阻止，决策树可以基于训练样本无限分裂下去，最终每个叶节点只包含一个样本，导致严重的过拟合。风控人员通常希望搭建的决策树具有一定的泛化能力，这样产出的策略和模型才是稳定的。因此，我们利用剪枝（Pruning）的方法防止树的分支过多，并且预留一部分样本集作为验证集，通过验证集上树的准确性是否提升来衡量剪枝的效果。根据剪枝与决策树生成的前后顺序，可以将剪枝分为预剪枝（Prepruning）和后剪枝（Postpruning）。

预剪枝在节点划分之前先计算当前划分是否提升树模型的泛化能力，如果不能则把当前节点记为叶节点，节点的类别根据多数原则确定；后剪枝则先构造一棵完整的决策树，再自下而上计算每个内部节点，如果该节点替换为叶节点可以使得树模型的泛化能力提升，则剪去该分支。当业务人员制定风控规则时，可以考虑预剪枝和后剪枝相结合的方式：首先通过限定树的最大深度和叶节点的最小样本数进行预剪枝，避免生成的规则过于复杂；其次对生成的树进行后剪枝，只保留对于数据集纯度提升较大的分支。这样得到的规则集兼具区分度和稳定性。

5.1.3 随机森林

单棵决策树在预测过程中略显粗糙，因此数据科学家们提出了集成树（Ensemble Tree）的思想，通过多棵决策树的结合，使模型具有更优越的泛化性能。随机森林（Random Forest）是一种具有代表性的集成树模型，利用 Bagging 的思想，对于数据集 D 有放回的采样 m 个样本集，针对每个样本集从 d 个属性中随机选取 k 个属性训练决策树，最终将 m 个决策树的结果进行投票，确定样本的预测类别。随机森林的结构如图 5-3 所示。

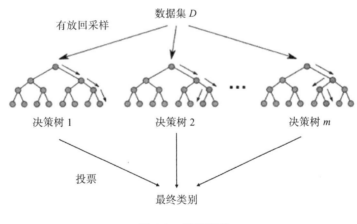

图 5-3　随机森林

随机森林通过样本随机性和特征随机性，保证了每棵决策树之间相互独立。最终的投票环节又集成了大多数决策树的分类结果，降低了单棵决策树的误差，提高了整体模型的鲁棒性。此外，随机森林本身具有分布式的特性，非常适合在 Spark 环境下实现，大大提升了模型的训练效率。

类似于随机森林这种并行训练的思想，在风控场景中还可以有其他运用方式。比如把底层的基分类器换成客户不同特征维度的子模型，每个子模型代表信用风险模型的一个方面，包括基本信息、消费能力、资产情况、征信历史等，再把这些子模型的结果通过投票或平均的方式结合起来。值得注意的是，每个子模型的效果需要尽可能保持在同一水平，否则这一部分维度的信息不能被集成模型学习到。

5.1.4 梯度提升决策树

集成树中另一大类是梯度提升决策树（Gradient Boosting Decision Tree, GBDT）。GBDT 与随机森林的区别在于，随机森林利用 Bagging 的思想并行生成多个决策树，而 GBDT 基于 Boosting 的思想，每个新生成的决策树会重点修正已生成决策树集合的误差，一个个决策树的结果累加从而实现降低损失函数的目标，是一种串行的思想。GBDT 的结构如图 5-4 所示。

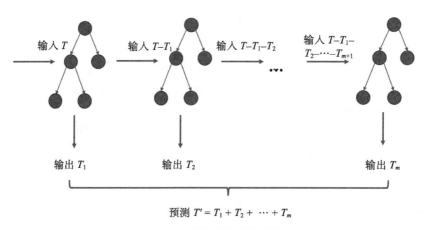

图 5-4 梯度提升决策树

GBDT 兼具区分度和稳定性，是目前业界使用最多的一类模型，它有两个常用的工程化实现框架，分别是 XGBoost 和 LightGBM。

XGBoost 因为在 Kaggle 社区各类比赛中优异的预测效果而被大家所熟知。XGBoost 相比于传统的 GBDT，在损失函数中加入了正则化项，从而有效地防止了模型的过拟合，优化后的损失函数如下：

$$l_t = \sum_{i=1}^n l(y_i, \hat{y}_i^{(t)}) + \sum_{i=1}^t \Omega(f_i) = \sum_{i=1}^n l(y_i, \hat{y}_i^{(t-1)} + f_t(x_i)) + \Omega(f_t) \quad (5\text{-}12)$$

$$\Omega(f_t) = \gamma T + \frac{1}{2}\lambda \sum_{j=1}^T w_j^2 \quad (5\text{-}13)$$

其中 T 为叶子节点个数，w_j 表示第 j 个叶子节点的预测值，γ 和 λ 为系数。利用二阶泰勒展开和梯度下降法可以求得损失函数的最优解。在实际建模过程中，树的最大深度（max_depth）、叶子节点最小权重和（min_child_weight）、节点最小分裂损失（gamma）、样本随机比例（subsample）、特征随机比例（colsample_bytree）、L1 正则项权重（reg_alpha）、L2 正则项权重（reg_lambda）、学习速率（learning_rate）、树的棵数（n_estimators），这几个超参数对于模型效果的影响较大，需要重点调优。同时为了避免模型的过拟合，还可以在训练 XGBoost 的时候加入早停（early_stopping_rounds）的条件，当验证集上模型性能没有提升时停止训练过程。

LightGBM 是微软开源的另一个 GBDT 的工程化项目，从名字上也可以看出，这个框架更加轻便，在计算效率和内存使用上做了大幅度优化。相比于 XGBoost 中 Level-wise 的树结构，LightGBM 使用了 Leaf-wise 的树结构，相同叶子节点条件下 Leaf-wise 可以获得更高的精度。Level-wise 和 Leaf-wise 的对比如图 5-5 所示。

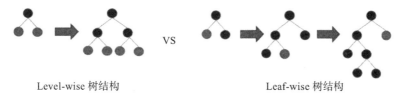

图 5-5　Level-wise 树结构和 Leaf-wise 树结构对比

此外，LightGBM 还基于直方图的算法将连续特征分箱为离散特征，加快了模型训练和并行化处理。在相同的数据集和资源环境下，笔者利用 LightGBM 的训练速度大约是 XGBoost 的 3 倍。

不过，在计算资源充足的情况下，建议风控建模人员优先考虑 XGBoost 算法，在实践中 XGBoost 的稳定性优于 LightGBM，并且 XGBoost 目前已经支持 Spark 环境，这大大弥补了 XGBoost 原本计算开销较大的劣势。

5.2 无监督学习

由于反欺诈业务中存在标签样本缺失或者稀疏的痛点，因此我们就需要无监督学习（Unsupervised Learning）来帮助提高识别能力。无监督学习从数据本身的分布特性出发，不依赖标签，主动发现数据背后隐藏的规律，找出疑似欺诈的客户，帮助反欺诈人员预警并进入案件调查阶段。常用的无监督学习算法有聚类和孤立森林，两种算法原理上存在差异，因此可以考虑结合使用。

5.2.1 聚类

聚类（Clustering）是将样本集划分为若干个不相交的簇，使得簇内相似度高，簇间相似度低，每个簇具有一定的规律，如图 5-6 所示。

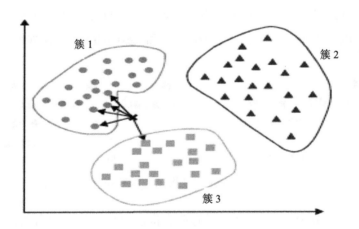

图 5-6　聚类

在信贷反欺诈场景下，对于欺诈样本较为集中的簇和样本量较少的异常簇，需要业务人员重点分析，从中提炼规则，或者扩充已有的标签样本用来训练反欺诈模型。聚类的方式有很多种，常见的可以基于距离、概率和密度，分别对应 k 均值聚类（K-means）、高斯混合聚类和密度聚类。

k 均值聚类希望每个簇内样本距离簇中心的平均距离尽可能小。对于样本集 $D=\{x_1, x_2, \cdots, x_m\}$ 划分的簇 $C=\{C_1, C_2, \cdots, C_k\}$，定义误差平方和：

$$E = \sum_{i=1}^{k} \sum_{x \in C_i} \| x - \mu_i \|_2^2 \qquad (5\text{-}14)$$

其中 $\mu_i = \frac{1}{|C_i|}\sum_{x \in C_i} x$ 是簇 C_i 的中心点。最小化误差平方和是一个迭代优化的过程，首先选取 k 个样本作为初始簇中心 μ_i，根据损失函数 E 的定义将其他样本划分到距离最近的簇 C_i 中；然后根据簇 C_i 重新计算新的簇中心 μ_i，将其他样本重新划分簇；重复迭代，直至 $\{C_i\}$ 和 $\{\mu_i\}$ 收敛，损失函数 E 达到最小为止。k 均值聚类算法在实操中有两个注意事项，分别是簇个数 k 的确定以及初始簇中心的选取。对于簇个数 k 的确定，可以基于建模人员的经验或者具体业务需求来确定，也可以利用"手肘法"，画出簇个数 k 与误差平方和 E 的曲线，随着 k 的增大 E 不断降低，当 E 的降低趋势逐渐平滑时，拐点附近对应的 k 可以当作合适的簇个数。而对于初始簇中心选取不好影响模型效能的问题，可以运用改进后的 k 均值聚类算法，第一个簇中心通过随机的方法确定第 $n+1$ 个簇中心时，距离当前 n 个簇中心越远的点会有更高的概率被选中，这样可以使初始的簇间距离尽可能大。

高斯混合模型（Gaussian Mixed Model，GMM）与 k 均值目标类似，也是希望将样本集 D 划分为 k 个簇，但是 GMM 假设每个簇内的样本均符合高斯分布，整个样本集是多个簇的高斯分布叠加在一起的结果。GMM 可以定义为：

$$p(x) = \sum_{i=1}^{k} \alpha_i N\left(x \mid \mu_i, \sum\nolimits_i\right) \qquad (5\text{-}15)$$

其中 μ_i 是第 i 个高斯分布的均值向量，$\sum_i$ 是第 i 个高斯分布的协方差矩阵，α_i 为混合系数，且 $\sum_{i=1}^{k} \alpha_i = 1$。求解 GMM 的最优参数需要利用 EM(Expectation-Maximization) 算法，分为两个步骤：E 步骤根据当前的参数，生成每个样本属于各个高斯分布的概率；M 步骤根据每个样本的概率，调整参数最大化期望似然 $p(x)$。相比于 k 均值，GMM 不仅能将样本集聚类，还能给出每个样本属于簇的概率。

还有一种不需要事先指定簇个数 k 的聚类方式,叫作密度聚类(DBSCAN)。DBSCAN 基于领域的概念来衡量样本之间的相似程度,对于样本集 $D=\{x_1, x_2, \cdots, x_m\}$,定义如下几个概念。

- ε 领域:对 $x_j \in D$,其 ε 领域包含样本集 D 中与 x_j 的距离不大于 ε 的样本,即 $N_\varepsilon(x_j) = \{x_i \in D | \text{dist}(x_i, x_j) \leq \varepsilon\}$,距离函数 dist() 默认为欧氏距离。
- 核心对象:若 x_j 的 ε 领域至少包含 MinPts 个样本,即 $|N_\varepsilon(x_j)| \geq$ MinPts,则 x_j 是一个核心对象。
- 密度直达:若 x_j 位于 x_i 的 ε 领域中,且 x_i 是核心对象,则称 x_j 由 x_i 密度直达。
- 密度可达:对 x_i 和 x_j,若存在样本序列 $p_1, p_2, \cdots, p_n$,其中 $p_1 = x_i$,$p_n = x_j$ 且 p_{i+1} 由 p_i 密度直达,则称 x_j 由 x_i 密度可达。
- 密度相连:对 x_i 和 x_j,若存在 x_k 使得 x_i 与 x_j 均由 x_k 密度可达,则称 x_i 与 x_j 密度相连。

上述概念比较复杂,可以通过图 5-7 更直观地表示。图中令 MinPts=3,虚线表示 ε 领域,其中 x_1 是核心对象,x_2 由 x_1 密度直达,x_3 由 x_1 密度可达,x_3 与 x_4 密度相连。

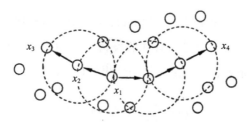

图 5-7 密度聚类

给定参数 (ε, MinPts),DBSCAN 算法从每个核心对象出发找到其密度可达的样本作为一个簇,直到所有核心对象被遍历完为止。异常点通常不与任何核心对象密度可达,因此会被 DBSCAN 算法孤立出来,可以被业务人员当作一类疑似欺诈客群进行重点分析。

5.2.2 孤立森林

异常样本通常具有数量少和在某些特征属性上不同于正常样本这两个特点，如果按照特征属性对样本集 D 进行划分，异常样本一定会在更少次数下被划分出来。如图 5-8 所示，正常样本 x_i 经过 11 次划分才从整体中被孤立出来，而异常样本 x_o 仅需要 4 次。

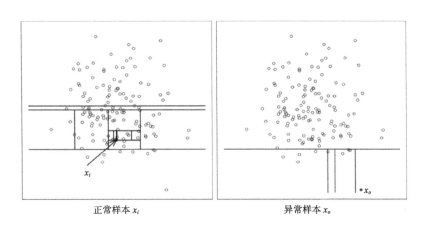

图 5-8 正常样本划分和异常样本划分的对比

孤立森林（Isolation Forest，iForest）便是基于上述思想构造了很多用于划分样本的二叉树 iTree，根据样本到根节点的平均路径长度，计算异常度得分。生成单棵 iTree 时，随机选择特征 q 和分割点 p，将样本集划分到左右两个节点中，对左右两个节点重复上述划分过程，直到每个节点处只有一个样本或者树的高度超过设定的最大高度限制。有了 iTree 之后，定义 $h(x)$ 为 iTree 的根节点到 x 所在叶子节点的路径长度，可计算异常度得分：

$$s(x, n) = 2^{-\frac{E(h(x))}{c(n)}} \quad (5\text{-}16)$$

其中，$c(n) = 2H(n-1) - (2(n-1)/n)$ 为叶子节点平均路径长度，用来对 $h(x)$ 做标准化处理；n 为叶子节点数量。从公式（5-16）可知，样本到根节点的平均路径长度越短，异常度得分 s 越接近 1，该样本也越异常。对于这些 iForest 模型孤立出来的疑似欺诈样本，除了可以直接利用异常度得分进行排序，还可以找出它们路径长度最短的那几棵 iTree，提取样本的划分规则进行可解释性分析。

5.3 深度学习

AI 可以说是近年来最火的词汇之一，想必很多人了解 AI 都是从围棋机器人 AlphaGo 开始的。AI 的底层是深度学习算法，而深度学习的雏形感知机（Perceptron）其实早在 20 世纪 50 年代便被提出，只是受制于当时数据量和计算资源的匮乏，深度学习并没有受到太多关注。直到 2006 年，Hinton 才首次提出深度学习的概念，并且和他的学生 LeCun 一同将深度学习的应用推向了高潮。时至今日，深度学习已经成为图像识别、自然语言处理、语义识别等多个领域的必备技术，而这些领域中一些成熟的算法框架，也被借鉴到信贷风控中，带来了行业内很多创新的案例。下面从深度神经网络开始，带大家了解一些风控和反欺诈中常用的深度学习算法。

5.3.1 深度神经网络

要了解神经网络（Neural Network），我们可以先从信用风险预测的案例说起。假设客户的信用风险由年收入、是否有房、多头次数、历史逾期次数这四个因素决定，其中年收入和是否有房决定了还款能力，多头次数决定了共债情况，多头次数和历史逾期次数决定了还款意愿，那么我们大致可以预测出该客户的信用风险，如图 5-9 所示。

在这里影响信用风险的四个因素称为输入层，预测的信用风险称为输出层，中间三个间接因素分别对应三个神经元，它们所在的位置称为隐藏层。神经网络的训练包含正向传播（Forward Propagation）和反向传播（Back Propagation）两个过程，正向传播是从输入到输出的预测过程，反向传播是基于损失函数从输出到输入的参数调优过程。最简单的神经网络模型其实我们都已经接触过，那就是逻辑回归，逻辑回归可以被看作只有一个神经元的单层神经网络。

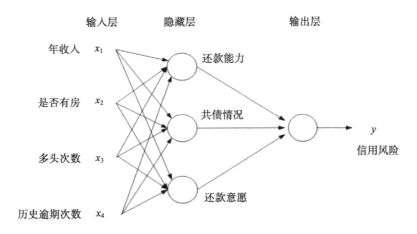

图 5-9　信用风险预测案例

从逻辑回归出发,我们可以通过增加隐藏层的层数,不断加强神经网络的学习能力,从而构造复杂的深度神经网络(Deep Neural Network,DNN),如图 5-10 所示。

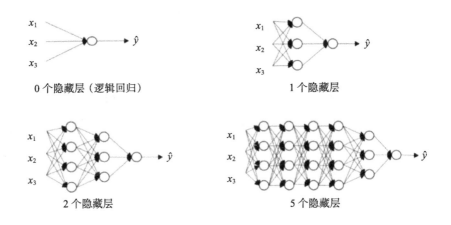

图 5-10　深度神经网络

DNN 可以理解成多个逻辑回归"交织"在一起,每个神经元就是一个逻辑回归。DNN 的学习能力毋庸置疑,隐藏层越多,网络就能提取出越丰富的特征,模型效能也就越强。DNN 的参数与逻辑回归一样也是 $W^{[l]}$ 和 $b^{[l]}$,由学习速率 α、训练迭代次数 N、网络层数 L、各层神经元个数 $n^{[l]}$、激活函数 $g(z)$ 等超参数共同决定。

在训练 DNN 模型的时候，需要谨防过拟合问题，也就是在训练集上学习得过好导致模型泛化性不足，这个问题在复杂模型中经常会遇到。为了解决这一问题，可以采用正则化项、Batch Normalization、Dropout 等技巧，在训练过程中加入些随机扰动，提高模型的鲁棒性。

以 DNN 为代表的深度模型，其最大的优势是能够通过隐藏层中的神经元衍生出原始维度以外的隐性特征，也就是我们所谓的模型的泛化能力（Generalization）。同时，传统的线性模型则更侧重于描述原始维度本身的信息，这就是模型的记忆能力（Memorization）。那么有没有哪种框架可以兼具记忆能力和泛化能力呢？Google 提出的 Wide&Deep 框架就可以，它很好地融合了线性模型和深度模型各自的优势。Wide&Deep 框架如图 5-11 所示。

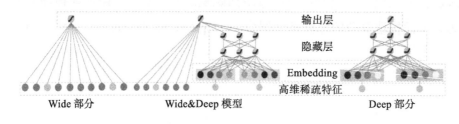

图 5-11　Wide&Deep 算法

框架中的 Wide 部分是线性模型，入模特征包括原始特征和交叉特征，通过交叉项增强了模型非线性表达的能力。Deep 部分主要针对稀疏特征，利用 Embedding+DNN 的方式，首先将高维稀疏特征压缩成低维稠密特征，再通过 DNN 模型学习深层次的隐性特征。对于 Wide 和 Deep 的输出结果，Wide&Deep 框架通过联合训练（Joint Learning）的方式，以逻辑回归的形式得到两个部分的加权和，模型输出结果如下：

$$P(Y=1\mid x) = \sigma(W_{wide}^{T}[x, \varPhi(x)] + W_{deep}^{T} a^{(lf)} + b) \quad (5\text{-}17)$$

其中 $\sigma(\cdot)$ 是 sigmoid 函数，$\varPhi(x)$ 是原始特征 x 的交叉项，$a^{(lf)}$ 是 Deep 部分最后一个激活函数，W_{wide} 是 Wide 部分的权重，W_{deep} 是 Deep 部分的权重，b 是线性模型的常数项。联合训练相比于我们之前介绍过的集成学习（Ensemble Learning）有两个优势：第一是同时优化 Wide 和 Deep 两部分的参数，而不是分开训练；第二是减少计算量，Wide 部分只需要少部分的交叉特征来弥补 Deep 部分记忆能力的缺点即可。Wide&Deep 模型适用于高维度稀疏特征的分类或者回归问题，因而最早被提出并应用于广告 CTR 预估场景，因为该类场景中有很多点击行为类的 One-Hot 特征。不过随着风控场景下数据维度的日益丰富，越来越多类似于商品购买、出行地点等弱特征被引入模型中，很多头部的互联网金融公司也开始频繁使用 Wide&Deep 框架，在 XGBoost 模型的基础上获得一定提升。

5.3.2 循环神经网络

前面提到的 LR、XGBoost、Wide&Deep 模型，多被运用于贷前的 A 卡建模；对于贷中 B 卡和贷后 C 卡，此时金融机构已经具有了客户更多的还款行为、催收行为和金融页面操作行为数据，如何挖掘这些行为数据中的特征，提高贷中和贷后的风险识别能力，是风控人员的重点工作。传统的方式可以通过专家经验，人工构造时间周期趋势类的贷中、贷后特征，结合 A 卡利用的贷前特征，训练 B 卡和 C 卡。这种方式保证了模型的解释性和稳定性，但是特征工程花费人力较多，更重要的是忽略了行为数据中的前后关系，比如客户在前几期的还款表现和电催接听情况，肯定与本期是否还款以及本次催收能否催回有着密切关系。深度学习中的循环神经网络（Recurrent Neural Network，RNN）能够较好地解决这种时间序列问题，它通过权重共享的方式，将过去时刻重要的信息编码并传入当前时刻的神经元，使模型具有了记忆能力。RNN 的框架如图 5-12 所示。

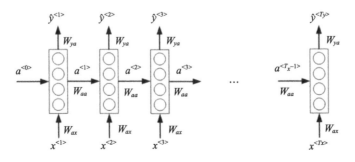

图 5-12　循环神经网络

其中 $x^{<t>}$ 到 $\hat{y}^{<t>}$ 之间是隐藏层的神经元，$a^{<t>}$ 会输入 $t+1$ 层，W_{ax}、W_{aa}、W_{ya} 是 RNN 模型中的三类权重系数，且不用层之间同一位置共享同一权重系数。RNN 的正向传播过程为：

$$a^{<t>} = g(W_{aa} \cdot a^{<t-1>} + W_{ax} \cdot x^{<t>} + b_a) \quad (5-18)$$

$$\hat{y}^{<t>} = g(W_{ya} \cdot a^{<t>} + b_y) \quad (5-19)$$

其中 $g(\cdot)$ 表示激活函数。RNN 的损失函数与 DNN 类似，为：

$$L(\hat{y}, y) = \sum_{t=1}^{T_y} L^{<t>}(\hat{y}^{<t>}, y^{<t>}) \quad (5-20)$$

通过反向传播的方式求解模型中的 W 和 b。

RNN 结构可以保留过去时刻的信息，但是如果时间序列跨度过长，模型会存在梯度消失（Gradient Vanishing）的问题，也就是说会丢掉一些距离较远时刻的信息。为了解决这一问题，数据科学家们在 RNN 的结构中加入了三个门和记忆单元的设计，这就有了长短期记忆网络（Long Short Term Memory，LSTM）。在 LSTM 中，输入门 Γ_i 控制当前的新状态有多大程度输入到记忆单元，遗忘门 Γ_f 控制前一步记忆单元的信息有多大程度被遗忘掉，输出门 Γ_o 控制当前的输出有多大程度来自于当前的记忆单元，LSTM 的结构如图 5-13 所示。

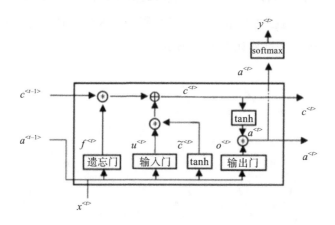

图 5-13 长短期记忆网络

相应的表达式为：

$$\tilde{c}^{<t>} = \tanh(W_c[a^{<t-1>}, x^{<t>}] + b_c) \qquad (5\text{-}21)$$

$$\Gamma_i = \sigma(W_i[a^{<t-1>}, x^{<t>}] + b_i) \qquad (5\text{-}22)$$

$$\Gamma_f = \sigma(W_f[a^{<t-1>}, x^{<t>}] + b_f) \qquad (5\text{-}23)$$

$$\Gamma_o = \sigma(W_o[a^{<t-1>}, x^{<t>}] + b_o) \qquad (5\text{-}24)$$

$$c^{<t>} = \Gamma_i \tilde{c}^{<t>} + \Gamma_f c^{<t-1>} \qquad (5\text{-}25)$$

$$a^{<t>} = \Gamma_o c^{<t>} \qquad (5\text{-}26)$$

其中 * 表示元素的相乘。

LSTM 的参数量较大，训练时间较长，因而在实践中为了提高模型的迭代效率，通常采用其简化版 GRU（Gated Recurrent Unit）。GRU 相比于 LSTM，最大的变动在于将输入门 Γ_i 和遗忘门 Γ_f 合并成了更新门 Γ_u，参数量减少了 1/3。GRU 的结构如图 5-14 所示。

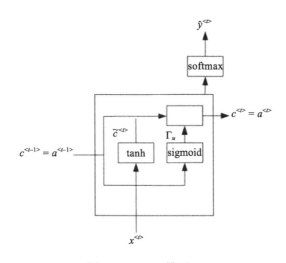

图 5-14　GRU 模型

相应的表达式为：

$$\tilde{c}^{<t>} = \tanh(W_c[\Gamma_r * c^{<t-1>}, x^{<t>}] + b_c) \tag{5-27}$$

$$\Gamma_u = \sigma(W_u[c^{<t-1>}, x^{<t>}] + b_u) \tag{5-28}$$

$$\Gamma_r = \sigma(W_r[c^{<t-1>}, x^{<t>}] + b_r) \tag{5-29}$$

$$c^{<t>} = \Gamma_u * \tilde{c}^{<t>} + (1-\Gamma_u) * c^{<t-1>} \tag{5-30}$$

$$a^{<t>} = c^{<t>} \tag{5-31}$$

其中 * 是元素的相乘。

实际训练 B 卡和 C 卡时，GRU 可以有两种运用思路。第一种是单独基于行为数据训练一个或多个 GRU 子模型，再和静态特征训练的子模型做集成；第二种是利用 GRU 对时间序列数据进行压缩，将 GRU 中最后一层神经元当作压缩后的高维隐性特征，与其他人为构造的显性特征一同再训练 DNN 模型。两种方式各有利弊，可以在实际工程中基于模型效果和上线难度进行选择。

5.3.3 词嵌入

除去 DNN 和 RNN 这两种可以用来搭建风控模型的深度学习框架，词嵌入（Embedding）也是目前业界经常使用的深度学习技术，是从海量互联网数据中提炼隐性特征的"大杀器"。目前最常用的 Embedding 框架 word2vec 在 2013 年由 Google 提出，最早用来解决 NLP 场景下词汇向量化的问题。word2vec 的结构如图 5-15 所示。

其中，$w(t)$ 是输入的词，$w(t-2)$、$w(t-1)$、$w(t+1)$、$w(t+2)$ 是上下文词的概率。算法的原理是，首先在输入层（Input）输入一个词的 N 维独热编码向量，N 是字典中所有词的总个数，向量中的 1 代表这个词在字典中所处的位置；通过 $N*K$ 维的权重矩阵，输入的词被转化成映射层（Projection）中的 K 维隐向量；再通过一个 $K*N$ 维的权重矩阵，K 维隐向量转化回一个 N 维向量，每个维度对应字典中的一个词，输入到输出层（Output）；最后通过 Softmax 激活函数，得到每个词的概率。整个网络的目标是使得字典中所有词的整体生成概率最大，通过反向传播和其他优化方案，可以求得两个权重矩阵，通常将第一个 $N*K$ 维的权重矩阵作为 Embedding 矩阵，其中的每一行就是每个词对应的 Embedding 向量。word2vec 主要基于词语和上下文的关系，如果两个词语的上下文相似，那么这两个词的 Embedding 向量就会接近。还有一种 Embedding 的方法叫作 GloVe 算法，这是一种基于词频的算法，两个词同时出现的频率越高，则两个词的 Embedding 向量越接近，以此构造损失函数来求解 Embedding 矩阵。在实践中这两种 Embedding 算法都具有一定的效果，如果要处理的数据之间具有前后关系，通常建议采用 word2vec 算法；反之如果数据与排列顺序无关，则可以考虑 GloVe 算法。

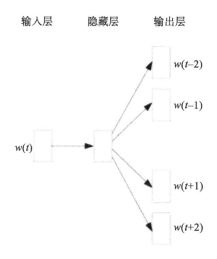

图 5-15　word2vec 模型

用算法行业的一句俗语来讲，"万物皆可 Embedding"，Embedding 算法已经被风控建模人员应用到各种高维稀疏数据的特征挖掘，例如购买商品类型、出行地理位置、金融页面点击行为等，甚至后面我们要提到的图计算中。对于一些通用的数据源，我们可以提前计算好 Embedding 向量并落库，这样可以复用到多个模型中，节省大量的计算资源；而对于一些模型特有的数据源，可以类似于 Wide&Deep 框架中 Deep 部分的方案，首先加一层 Embedding 算法进行信息抽取，再输入到 NN 结构中进行训练。

5.3.4 自编码器

自编码器（Autoencoder）是深度学习中的一种无监督算法，与 Embedding 算法类似，也利用了空间映射的理念，不过自编码器要求输入层和输出层维度一致，其结构如图 5-16 所示。

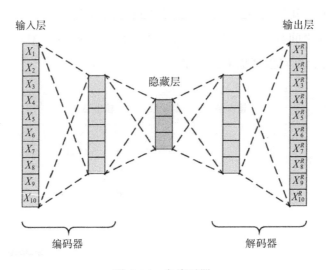

图 5-16 自编码器

自编码器通常包含两个部分，编码器（Encoder）和解码器（Decoder），其中编码器负责将原始输入映射到一个低维向量，解码器则负责将压缩后的向量重构回原始空间。整个编码和解码的过程希望保证模型输入和输出的差异最小，因此定义损失函数：

$$L(x, g(f(x))) \tag{5-32}$$

其中，L 是一个损失函数，例如均方误差，$f(\cdot)$ 和 $g(\cdot)$ 代表编码和解码函数。

最常见的自编码器通过限制隐藏层的维度小于输入层的维度，实现特征提取的功能，去除了原始数据中的冗余信息。还有两种改进后的自编码器，不必限制隐藏层的维度，通过其他方式鼓励模型学习原始输入的其他特性，比如稀疏表示或者引入噪声。稀疏自编码器（Sparse Autoencoder）在编码器部分加入 L1 正则，希望得到的隐藏层尽量稀疏，因为稀疏向量通常具有更强的表达能力，因此损失函数修改为 $L(x, g(f(x)))+\Omega(h)$，其中 h 是编码器的输出。而去噪自编码器（Denoise Autoencoder）则是在原始数据中引入随机噪声，将原始数据 x 重构为 $\tilde{x}$，定义损失函数 $L(x, g(f(\tilde{x})))$，这样自编码器在训练网络过程中需要学习数据的特性来去除噪声，同时学习到的特征也具有更强的鲁棒性。

无论使用哪种自编码器，模型都会倾向于捕捉大部分样本的分布来实现低误差重构，并且忽略异常点的分布特性。因此我们可以利用这个特性，通过比较样本集输入自编码器前后结果的差异，找出差异较大的异常样本，也就是反欺诈场景中的疑似欺诈客群。同时训练完的自编码器 Encoder 部分也可以使用类似于 Embedding 算法的方法，将提取的特征信息再输入到其他 NN 结构中进行学习。

5.3.5 迁移学习

顾名思义，迁移学习（Transfer Learning）就是将一个任务或者领域中已经学习到的知识应用到其他任务或者领域中的一种方法。在新业务起步阶段，风控建模人员常常会因为缺乏足够的数据而难以训练出稳定的模型，利用迁移学习的思想，可以从已有的内外部场景中引入成熟的模型或者数据源，一定程度上缓解这个小样本问题。迁移学习的范围很广，根据 2009 年杨强教授发表的一篇关于迁移学习的调查，迁移学习大致可以分为如下四类。

- 基于样本的迁移：从源领域中挑选出一部分标签数据，比如根据分布上的一致性判断，和目标领域中的少量标签数据一同学习。
- 基于特征的迁移：找出一组好的特征表示能够尽量减少源领域和目标领域之间的差异，使得源领域中的模型可以直接应用到目标领域。
- 基于参数的迁移：相似领域之间的学习任务会共享同样的参数或者超参数的先验分布。
- 基于关系的迁移：这种迁移通常发生在相关的领域之间，比如社交网络类的数据，数据之间存在较强的联系。

上述四类迁移学习方法中，在深度学习算法中结合最多的是第三类基于参数的迁移，通过参数共享的方式大大提升深度模型的泛化能力，降低训练成本。目前业界将迁移学习应用到深度学习中的方式通常有如下三种：Pre-train+Finetuning、Freeze 和 Multi-task Learning。

Pre-train+Finetuning 的原理是先在基础数据集上预训练网络的结构和参数权重，同时将预训练好的网络结构迁移到目标数据集上，重新训练并微调参数的权重。这个方法比较适用于源领域和目标领域之间存在一定差异，并且目标领域具有足够的标签数据可以支持网络的重新训练的情况。当目标领域与源领域非常相近，同时目标领域中并没有太多数据的时候，我们应该更加相信预训练的模型，尽可能少地做调整，这就是 Freeze 的思想。通过冻结预训练网络的中间结构，仅是修改输出层的函数来满足目标领域的标签定义，我们可以快速得到一个新的模型，这里其实是变相地把预训练的模型看作一个特征提取的工具。

无论是 Pre-train+Finetuning 还是 Freeze，都是集中在单一领域中的单任务学习，还有一种多任务学习的方式，也可以实现迁移学习。在 Multi-task Learning 中，我们将源领域和目标领域的数据放在一起，通过共同的浅层网络进行训练，达到参数共享的目的。这种 Multi-task Learning 的方式对于深度学习模型确实行之有效，原因在于共同的浅层网络可以实现领域之间的信息互补，这样训练出来的模型泛化性能更好，解决了深度学习模型容易过拟合的问题。

迁移学习在风控和反欺诈场景中的应用还处在探索阶段，原因在于金融机构之间的信贷数据和模型无法互通，而金融机构内部各条业务线之间的客群又存在较大的分布差异，使得样本和特征层面的迁移难以实现。并且，由于风控行业的安全性要求，并不存在诸如图像识别领域中 ImageNet 这样标准化的公开数据，无法训练可以复用的大型网络结构来做 Fine tuning 或者 Freeze。Multi-task Learning 是目前迁移学习在风控领域可以尝试的方向，因为产品的额度和风险通常是相关的，可以将这两个任务共同训练，提取额度和风险之间的共同信息，同时构建定价模型和风控模型。

5.4 图计算

古人云,"近朱者赤,近墨者黑",人与人之间的信用风险和欺诈风险总是存在一定的相关性,因此需要利用关联图谱把这种关系刻画出来。关联图谱通常将实体作为点,将关系作为边,这里的实体包括账号、电话号、银行卡号、设备指纹、WiFi MAC、经纬度等,关系则包括紧急联系人、家人、同事等。关联图谱的应用场景有很多,包括贷前的客户信息验证、贷后的失联修复、反欺诈中的关联度和中心度分析等。除此以外,依靠先进的图计算技术,还可以从关联图谱中提炼出更多量化指标,目前比较成熟的有社区发现、标签传播和图嵌入三种。

5.4.1 社区发现

社区发现(Communication Detection)是一种从关联图谱中自动挖掘出群聚社区的算法,常用于反欺诈中团伙案件的识别。对于无监督学习中异常聚集的社区,或者有监督学习中整体逾期率偏高的社区,都需要反欺诈人员重点关注,必要时提前进行干预。与聚类算法类似,对于一个好的社区发现结果,我们希望每个社区内部节点联系紧密,而社区之间的连接较为稀疏,因此定义模块度(Modularity)来衡量社区的紧密程度:

$$Q = \frac{1}{2m}\sum_{c}\left[\sum \text{in} - \frac{\left(\sum \text{tot}\right)^2}{2m}\right] \tag{5-33}$$

其中 $m = \frac{1}{2}\sum_{i,j} A_{ij}$ 表示所有边的权重之和,A_{ij} 表示节点 i 和节点 j 之间边的权重,$\sum \text{in}$ 表示社区 c 内所有边的权重之和,$\sum \text{tot}$ 表示与社区 c 内节点相连的边的权重之和。模块度可以理解为社区内部节点的连接边数与随机情况下边数的差,差值越大说明社区内部的连接程度越紧密,以最大化全局模块度 Q 为目标,就有了经典的 Louvain 算法。

Louvain 分为两个阶段并且循环往复:第一个阶段遍历网络中的节点,将单个节点分配到相邻社区使得模块度增益最大,直至所有节点都不再变化;第二个阶段将生成的社区看作一个新的节点,边的权重重新计算为两个节点内所有原始节点的权重之和。重复这两个阶段直至整个图的模块度稳定。整个算法的可视化流程如图 5-17 所示。

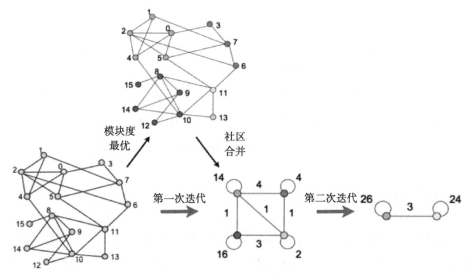

图 5-17　Louvain 算法

Louvain 可以说是目前性能最好的社区发现算法之一，因为它快速准确，易于理解，并且不需要数据的标签，同时支持单机和分布式环境，非常适合建模人员在实际业务场景中应用。

5.4.2　标签传播

标签传播（Label Propagation Algorithm，LPA）是基于关联图的半监督学习方法，主要目的是利用已标记的节点去预测未标记的节点。在标签传播过程中，节点的标记按照相似度转移给相邻节点，相似度越高则影响权重越大。未标记的节点根据周围节点标记的加权和更新自己标记的概率分布，所有节点的概率稳定后停止更新。可以看出，标签传播算法的关键在于权重矩阵和概率转移矩阵的确定。

对于已标记的数据集 $(x_1, y_1)\cdots(x_l, y_l)$，$Y_L = \{y_1, \cdots, y_l\} \in \{1, \cdots, C\}$，类别数 C 已知；对于未标记的数据集 $(x_{l+1}, y_{l+1})\cdots(x_{l+u}, y_{l+u})$，$Y_U = \{y_{l+1}, \cdots, y_{l+u}\}$；令 $X=\{x_1, \cdots,$

$x_{l+u}) \in R$，则我们需要基于全体数据集 X 和标签集 Y_L 去预测标签集 Y_U。对于两个节点 i 和 j，我们定义权重：

$$w_{ij} = \exp\left(-\frac{\|x_i - x_j\|^2}{\alpha^2}\right) \quad (5\text{-}34)$$

这里 α 是超参数，节点 i 和 j 之间的距离越小则权重越大。

有了权重矩阵，我们可以定义概率转移矩阵：

$$P_{ij} = P(i \to j) = \frac{w_{ij}}{\sum_{k=1}^{n} w_{ik}} \quad (5\text{-}35)$$

这里 P_{ij} 是节点 i 转移到节点 j 的概率，$n = 1 + u$。最后定义一个 $n * C$ 的标签矩阵 Y，$Y_{i,c}$ 表示节点 i 属于类别 c 的概率，最终节点 i 的类别以概率最大的类别 c 为准。需要注意的是，标签每传播完一次，已标记数据的标签记得要重置，否则原始的概率分布会被周围的标签所影响。在反欺诈场景中，利用 LPA 算法可以给没有标签的数据打标，提前发现潜在欺诈风险较高的用户，同时利用半监督学习的方法扩充标签样本，能够支持训练出更稳定的有监督模型。

5.4.3 图嵌入

在 5.3.3 节中，我们已经介绍了 Embedding 技术，可以将词汇或者离散化的数据向量化。对于关联图谱，如果我们能够把其中点和边的信息也用向量表示，就可以描述点的关联属性，并且量化点之间的关系程度。于是，从 2014 年开始就有数据科学家们将 word2vec 的思想逐步引入图结构中来，便有了图嵌入（Graph Embedding）技术。

Graph Embedding 的开山之作是 DeepWalk 算法，通过随机游走的方式构造节点的序列，再利用 word2vec 的思想生成 Embedding 向量。在 DeepWalk 算法中，我们希望找到一个映射 $\Phi: v \in V \to R^{|v| \times d}$，其中 V 是节点集合，d 是向量维度。DeepWalk 完全参考了 word2vec 中 SkipGram 的思想，通过随机游走生成了上下文（Context），每个节点就是一个单词（Word），通过单词来预测上下文，因此有优化

目标：

$$\min_{\Phi} -\log \Pr(\{v_{i-w}, \cdots, v_{i-1}, v_{i+1}, \cdots, v_{i+w}\}|\Phi(v_i)) \quad (5\text{-}36)$$

其中 w 是随机游走的步长。这种随机游走的方式虽然简单，但是却能够很好地保留网络的拓扑性质，因为关系越紧密的节点越容易构成一个序列，因此这些节点在向量空间中也会距离较近，如图 5-18 所示。

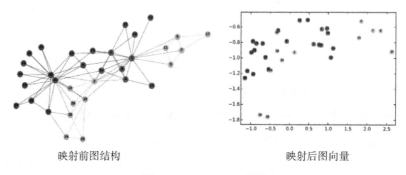

映射前图结构　　　　　　　映射后图向量

图 5-18　DeepWalk 算法

同时，随机游走还有两个好处，就是并行性和适应性：并行性是指多个随机游走可以同时进行；适应性则是说当图结构局部发生变化时，不需要全局重新计算。这两个优势让 DeepWalk 成为业界中尝试图嵌入的首选方案。

DeepWalk 较好地保留了网络的同质性（homophily），也就是距离相近节点的 Embedding 尽量相似；但是对于网络中结构相似的节点，比如局部网络的中心点，DeepWalk 并不能很好地表达这种近似性，也就是结构性（structural equivalence）的缺失。因此斯坦福大学在 DeepWalk 的基础上提出了 node2vec，通过调整随机游走权重的方式平衡这两种性质。论文中定义了两种序列采样方式，如图 5-19 所示。

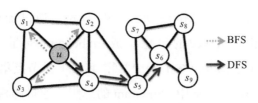

图 5-19　node2vec 算法

断点箭头代表广度优先搜索（Breadth-First Sampling，BFS），从节点 u 出发，每次只能采样节点 u 的直接领域，主要包含网络的结构性；实线箭头代表深度优先搜索（Depth-First Sampling，DFS），从节点 u 出发尽量向远方游走，更能反映网络的同质性。那么如何在两种随机游走之间有所侧重呢？在此之前，我们先定义随机游走的跳转概率。为了量化从第 $i-1$ 步节点 v 移动到第 i 步节点 x 的概率，我们有：

$$P(c_i = x \mid c_{i-1} = v) = \begin{cases} \dfrac{\pi_{vx}}{z}, & (v, x) \in E \\ 0, & \text{其他} \end{cases} \quad (5\text{-}37)$$

其中 E 是边的集合，(v, x) 表示节点 v 与节点 x 的边，πvx 表示边的权重，z 是归一化权重。在原始边权重的基础上，论文中引入了修正系数，修正后的边权重为：

$$\pi_{vx} = \alpha(t, x) \cdot w_{vx}$$

$$\alpha(t, x) = \begin{cases} \dfrac{1}{p}, & d_{tx} = 0 \\ 1, & d_{tx} = 1 \\ \dfrac{1}{q}, & d_{tx} = 2 \end{cases} \quad (5\text{-}38)$$

其中 w_{vx} 是原始边的权重，$\alpha(t, x)$ 是修正系数，d_{tx} 是节点 t 到节点 x 的距离。$d_{tx} = 0$ 代表回到节点 t，$d_{tx} = 1$ 代表 t 和 x 直接相邻，$d_{tx} = 2$ 代表其他情况。这里参数 p 称为返回参数（return parameter），p 越小则随机游走越可能返回顶点，偏向于 BFS；参数 q 称为进出参数（in-out parameter），q 越小则随机游走越可能走向远方，偏向于 DFS。通过调节 p 和 q，就可以实现 Embedding 算法中同质性和结构性的倾向性。

DeepWalk 算法还有一种优化方式，在原有一阶相似度的基础上，加入了二阶相似度的定义，也使得 Embedding 后的结果保留了网络的结构性，这就是 Line 算法。我们可以通过图 5-20 更好地理解一阶相似度和二阶相似度。

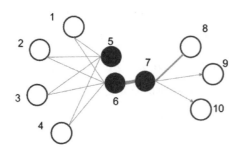

图 5-20 Line 算法

一阶相似度主要表现了两个点之间的局部关系，例如图中的节点 6 和节点 7 直接相连，所以一阶相似度较高；如果两个节点不相连，那么它们的一阶相似度为 0。二阶相似度主要反映了节点在各自领域内结构的相似性，例如节点 5 和节点 6 都有四个相同的邻居节点，所以它们的二阶相似度较高；如果两个节点没有任何相同的邻居节点，那么它们的二阶相似度为 0。我们再用数学的方式来定义这两种相似性。我们有向量相似性：

$$p_1(v_i, v_j) = \sigma(u_i, u_j) = \frac{1}{1+\exp(-u_i \cdot u_j)} \tag{5-39}$$

其中 u_i 和 u_j 是节点 i 和节点 j 的向量表示，又有节点相似性：

$$\hat{p}_1(v_i, v_j) = \frac{w_{ij}}{\sum_{(i,j)\in E} w_{ij}} \tag{5-40}$$

其中 w_{ij} 是节点 i 和节点 j 之间的权重。我们希望这两个概率分布近似，利用 KL 散度得到一阶相似度的最小化目标：

$$O_1 = -\sum_{(i,j)\in E} w_{ij} \log p_1(v_i, v_j) \tag{5-41}$$

在二阶相似度中，定义 u_i' 是节点 i 作为邻居节点的向量表示，有向量相似性：

$$p_2(v_j|v_i) = \frac{\exp(u_i \cdot u_j')}{\sum_{k=1}^{|V|} \exp(u_i \cdot u_k')} \tag{5-42}$$

其中 $|V|$ 是所有节点数量，同样有节点相似性：

$$\hat{p}_2(v_j | v_i) = \frac{w_{ij}}{\sum_{k \in N(i)} w_{ik}} \quad (5\text{-}43)$$

其中 $N(i)$ 是节点 i 的邻居节点。利用 KL 散度得到二阶相似度的最小化目标:

$$O_2 = -\sum_{(i,j) \in E} w_{ij} \log p_2(v_j | v_i) \quad (5\text{-}44)$$

在实际应用中,建模人员既可以分别训练一阶和二阶相似度的 Embedding 向量,然后拼接起来使用,也可以利用联合训练的方式直接得到一个 Embedding 向量。

自从有了图嵌入技术,风控人员对于关联图谱的应用又上了一个新的台阶。除了传统的诸如关联度、中心度这些统计类指标,Embedding 向量可以自动提取更多网络结构中的同质性和结构性,这些隐性特征可以作为社交类的属性,补充到贷前 A 卡和欺诈评分卡中。同时利用图嵌入 + 聚类的方式,也可以实现社区发现的目的,作为基于模块度算法 Louvain 的补充,可以发现一些不一样的作案团伙。

5.5 强化学习

本章已经介绍了机器学习、深度学习、图计算这三大类在风控和反欺诈中常用的算法,最后给大家介绍一个虽然目前在信贷场景中使用不多,但是却大有想象空间的算法,那就是强化学习。如图 5-21 所示,整个强化学习过程主要由环境、机器人、状态、动作、奖励等基本要素构成。

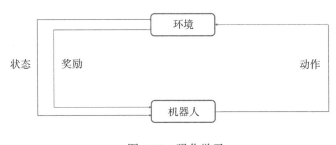

图 5-21 强化学习

我们以马里奥在棋盘格中找宝藏的游戏为例,来解释这些名词。

- 机器人：可以采取行动的智能体，在我们的例子中就是马里奥。
- 动作：机器人所有可以采取动作的集合，记作 A；例子中 $A=\{$上，下，左，右$\}$。
- 状态：机器人所有状态的集合，记作 S；例子中状态是棋盘的每个格子，$S=\{(x, y) : x = 1, 2, 3; y = 1, 2, 3\}$。
- 奖励：机器人可能收到的奖励，记作 r；例子中，如果马里奥每移动一步，定义 $r=-1$，如果得到宝藏，则 $r=0$，且游戏结束。
- 环境：机器人所处的环境，以当前的状态 S 和行动 A 作为输入，输出奖励 r 和下一步的状态 S；环境对应了状态转移 $S \times A \to S$，满足 $P_a(s_t \mid s_{t-1}, a_t) = P_a(s_t \mid s_{t-1}, a_t, s_{t-2}, a_{t-1}, \cdots)$，即当前状态到下一个状态的转移，只与当前状态以及当前采取的动作有关。
- 累积收益：从当前时刻 0 开始累积的收益 $R = E(\sum_{t=0}^{T} \gamma^t r_t \mid s_0 = s)$，其中 γ 为衰减系数。

总的来说，强化学习的目标是找到一个从状态空间 S 到动作空间 A 的映射，最大化累积收益。

为了找到强化学习的决策过程，可以将每一步动作的奖励都最大化，这是一个价值迭代的过程，也就是经典的 Q-Learning 算法。定义 Q 函数表示 t 时刻机器人在 s 状态下采取最优的动作 a：

$$Q(s_t, a_t) = \max R_{t+1} \tag{5-45}$$

那么 t 时刻的最优决策：

$$\pi(s) = \arg\max_a Q(s, a) \tag{5-46}$$

由于累积收益 R_t 有递推公式 $R_t = r_t + \gamma R_{t+1}$，可以得到 Q 函数的递推公式：

$$Q(s_t, a_t) = r + \gamma \max_a Q(s_{t+1}, a_{t+1}) \tag{5-47}$$

这个迭代说明，对于某个状态来说，最大化未来奖励相当于最大化当前奖励与下一状态最大化未来奖励之和。在 Q-Learning 的实际操作中，通常会利用 Q 表来存储每个状态 s 和每个动作 a 对应的 Q 值，通过迭代 Q 表来实现价值迭代的过程。

Q 表虽然直观，但是状态集 S 是连续值的时候，Q 表会非常庞大，导致时间和空间复杂度过高的问题。为了解决 Q 值存储的问题，我们将神经网络引入进来，输入状态 s 和动作 a，输出预测的 Q 值，这就是深度 Q-Learning（DQN）算法。为了训练神经网络，需要定义损失函数，这里有目标网络：

$$y_j = r_j + \gamma \max_a Q(s_{j+1}, a; \theta) \tag{5-48}$$

预测网络 $Q(s_j, a_j; \theta)$，希望两个网络 Q 值差的平方和尽量小，得到最终神经网络的参数权重 θ。

从上面的介绍可以看出，强化学习最适合被应用在能够实时获得奖励反馈的场景，这样子模型才能够快速迭代并且收敛到一个稳定的状态，目前最主流的强化学习应用还是各类游戏 AI。结合风控场景来说，大部分风险管理环节的标签都需要一定时间的表现期才能达到成熟，因此对于信用风险和欺诈风险的识别，强化学习模型很难在短时间内发挥作用。但是对于一些过去偏重人工运营的环节，头部的互联网金融公司正在尝试引入强化学习模型，以此来实现智能化的运营，降低人工成本和人为操作带来的风险。例如贷前的流量分发环节，由于一款贷款产品通常背后涉及多个资金方，传统的运营模式是运营人员根据经验划分名单给对应的资方，这样势必会造成流量的浪费，而引入强化学习模型之后，可以将授信通过作为奖励，利用大量线上数据训练稳定的通过率模型，实现流量效率最大化的目的。

5.6 本章小结

本章是全书的核心内容，详细介绍了有监督学习、无监督学习、深度学习、图计算和强化学习这 5 大类算法，以及它们在智能风控场景中的应用。有监督学习中的代表是逻辑回归和 XGBoost，是目前业界贷前识别欺诈风险和信用风险最常用的两个算法。无监督学习包括聚类和孤立森林，能够主动区分欺诈客户。深度学习中的 Wide&Deep 是对 XGBoost 的补充，进一步提升贷前信用风险的识别能力；GRU

则主要运用于贷中和贷后的风险管理；迁移学习可以比较好地解决小样本和冷启动的问题。图计算包括社区发现、标签传播和图嵌入，能够量化客户之间的关系，挖掘个人或者团伙的欺诈隐患。强化学习与风控的结合目前仍在探索阶段，已有的应用场景是在流量分发环节，提高用户的申请通过率。了解了智能风控中常用的算法，下一章我们将介绍模型的训练流程，只有建模流程规范，算法才能发挥出应有的威力。

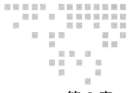

第 6 章

智能模型训练流程

了解了智能风控模型中通常涉及的数据源和算法之后,我们从方法论的角度来看看智能模型的训练流程。智能风控模型继承了传统风险管理体系中目标定义、样本选取、模型评估和模型应用部分的理念,不过在变量处理和模型建立阶段,利用机器学习和深度学习的思想替换传统的评分卡模型,通过挖掘海量数据,提高了风控模型的识别能力。

6.1 数据清洗

在处理海量数据的过程中,不可避免地会遇到"脏数据"的问题,这些"脏数据"不仅会影响线上模型的准确性,更严重的甚至会导致线上服务的报错和停止,因此数据清洗是大数据建模过程中需要进行的第一项工作。数据清洗费时费力,可能建模项目 50% 以上的时间都要花费在处理"脏数据"上。大型互联网金融机构通常会组建一个数仓团队,通过建设一套完整的大数据平台体系,将这些 ETL 工作规范化和自动化,从而大大缩短建模人员的项目周期。在数据清洗过程中,我们需要注意 5 个方面的问题:缺失值、异常值、重复值、一致性和有效性。

6.1.1 缺失值处理

缺失值是数据清洗中经常会遇到的一类问题。如果只是暴力删除缺失率过高的字段，可能会导致错过很多有用的信息。因此对于缺失值，我们要先明确数据缺失的原因，再根据不同的情况采取相应的处理方式。

（1）补充数据源

对于在ETL过程中产生的缺失值，最推荐的方式是层层溯源，找出发生问题的数据层，通过上游数据源来修复缺失值。这种方式不会引入任何人工噪声，最大限度地保证了数据的完整性和准确性。

（2）逻辑填充

在无法通过上游数据源解决缺失值的情况下，考虑利用已有数据质量较好的字段，通过逻辑规则，对存在缺失值的字段进行填充。例如在贷款申请的场景中，很多客户不会主动填写自己的年龄、出生地、常住地等信息，而这些基本信息在风控模型中恰恰是具有一定的信息量的。为了补全这些信息，技术人员会从客户的身份证和手机号中解析出这些数据，从而提高基本信息的完整性。

（3）默认值填充

当缺失值没有办法科学填充的时候，利用默认值填充不失为一种简单可行的方法。对于因为客户没有对应行为导致的缺失，例如电商和出行中的消费数据，可以用0来填充；而对于因为数据无法获得带来的缺失值，例如没有授权的地理位置数据，或者无法覆盖全行业的多头数据，建议用−9999或者−1来填充，与具有实际意义的0做区分。填充的默认值也并不是完全没有意义的，在传统评分卡模型中，可以将默认值单独作为一项计算WOE；而像XGBoost这种机器学习模型，则可以通过内置的算法，将默认值放到一个效果更优的分支上，从而自动处理缺失值问题。

（4）统计值填充

对于一些特殊的字段，比如家庭年收入，利用默认值填充显然不太合理，可以考虑利用平均值或者中位数来填充。这种方式的优点是保持了该字段原有的分布，家庭年收入通常是满足正态分布的，填充平均值或者中位数依然能保持正态分布的性质。并且一个地区的家庭平均年收入是可以获得的，可靠的统计值填充的效果会比默认值略好。

（5）模型填充

更复杂一点，还可以通过模型预测的方式来填充缺失值。对于包含缺失值的字段，将已知字段值和其他相关字段建立模型，从而预测未知的字段值。对于离散型的字段可以构造二分类或者多分类模型，对于连续型的字段可以构造回归模型。这种方式适用于部分比较重要的通用字段，例如年收入、性别、职业、婚姻状况等，可以通过这种精细化的处理方式，最大可能地保留字段本身的信息量；而对于大部分字段，由于本身难以预测，并且投入产出比不高，因此不太建议采用模型的方式去填充。

（6）直接剔除

最后，如果上述方法都不能很好地解决"脏数据"的问题，那就只有暂时在数据集中剔除相关的数据，但是注意在数仓的某个地方仍要保留这部分原始数据，等待以后进一步修复。毕竟数据积累过程中最贵的就是时间成本，在没有充分评估的条件下，不要轻易删除任何数据。

6.1.2 异常值处理

异常值是数据清洗中的另一类常见问题，数据采集、数据传输、数据加工过程中都有可能产生异常数据，这些数据如果不处理，容易造成下游任务的数据倾斜和报错，影响线上模型的鲁棒性。异常值的处理方式有以下几种。

（1）规则判断

对于一些具有常识经验的字段，可以加上判断规则，避免这些字段出现不符合常识的异常数据。比如客户年龄大概率不会超过 100 岁，年龄大于 100 可以作为异常值。

（2）类型判断

除了规则判断，类型判断也是必要的异常值处理的手段。很多字段从取值上看并没有异常，但是在脚本运行的时候会报错，究其根本会发现还是类型上的错误。相信很多读者都遇到过空值null被存成字符型"null"，导致后面出现一系列空值处理问题的情况。尤其在模型部署环节中，涉及多个环境之间的API调用，很容易出现类型异常的问题，因此需要特别关注。

（3）正则表达式

在信贷场景下，对于客户填写的身份证、手机号、银行卡号，还需要利用正则表达式判断客户填写信息的合法性。对于手机号，除了必须满足"^1[3-9][0-9]{9}$"这类规范之外，还需要清洗连续8位相同数字或者12345678这种明显异常的手机号，否则会出现一个手机号对应过多的客户ID的情况，造成下游任务的数据倾斜，以及关联图谱中的异常聚集。

（4）长尾分布处理

还有一类长尾分布的异常值，这类异常值通常无法直接通过规则和正则表达式发现，而需要数据层面的分析。所谓长尾，是指某些字段在频数分布图中，会存在极少数的字段值特别大的样本，就像一个长长的"尾巴"，如图6-1所示。

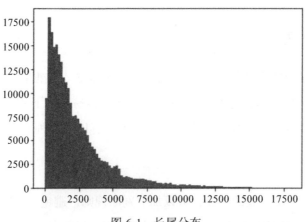

图6-1 长尾分布

这种长尾分布，往往是加密或者超级账户导致的。对于长尾数据的处理需要谨慎，因为很多欺诈样本也存在长尾特性，因此需要技术人员和业务人员共同分析，确认没有特殊业务含义之后才可以清洗。

6.1.3 重复值处理

保证数据的唯一性也是数据清洗过程中需要关注的问题，过多重复数据会导致存储冗余，并且在表与表关联过程中，可能出现笛卡儿积造成内存溢出。去除重复数据的前提是确定该表对应的唯一主键，基于唯一主键再去做重复值的处理。通常金融机构内部大多数的表都是以客户ID作为主键，所有的数据都汇总到人的维度，但是对于信贷数据，一个客户可以多次申请，一次成功申请可以多次支用，一次成功支用可以多次还款，一次逾期还款可以对应多个催收阶段，不同环节数据源的主键都不相同，如果把这些表都汇总到人的维度显然是不合理的，因此只有弄清楚了唯一主键，才能够做到有效的去重。

6.1.4 一致性检验

数据不一致是大数据建模过程中经常面临的问题，无论是字段之间的不一致，还是相同字段线上线下的不一致，都可能导致线上模型的不可用，因此尽可能在建模初期的数据清洗阶段，就定位并解决这些不一致的问题。

（1）数据交叉验证

在多个数据源中，可能存在多个字段具备相似的含义，这个时候就需要进行数据之间的交叉验证，来找出最权威的字段。例如客户年龄，可能存在平台业务（电商、出行）中填写的年龄、金融业务中填写的年龄、身份证号中解析的年龄这三类，从权威性的角度来说，应该是身份证年龄高于金融年龄高于平台年龄，因为首先身份证信息一定是真实的，其次对于信贷客户来说，他们更愿意在金融业务中填写自己的真实信息。在实际数据清洗过程中，可以结合这三个数据来源构建一个新的年龄字段，对于实名客户选取身份证年龄，对于未实名客户优先选取金融年龄，这个新构建的年龄字段可以最大限度地保证数据的权威性。

（2）线上线下验证

对于需要上线的模型，上线前的数据验证是一件让建模人员很头疼的事情，由于线上线下可能采用不同的数据源或者更新频率，会导致线上模型结果和离线模型结果对不齐。在数据清洗环节，如果线上数据已经落库，建议事先评估线上线下数据之间的差异性。在积累时间足够长的情况下，优先利用线上落库的数据分析建模；对于刚开始积累的线上数据，如果发现线上线下差异性过大，建议在本期建模项目中暂时不使用这些数据，以免导致模型上线前的返工。

6.1.5 有效性检验

数据清洗本身也是一个数据摸底阶段，在处理完缺失值、异常值、重复值、一致性这些问题后，最后也可以从有效性的角度，对原始字段做一次初筛，进而从业务经验和数据分析这两个角度选择最有效的字段。

（1）业务经验

业务经验在风控建模过程中会起一定的作用。经验丰富的业务专家可以从海量数据中挑选出符合业务认知的字段，这些字段能够合理地评估客户的信用和欺诈风险，并且不容易受到外部环境的影响，从而保证模型的解释性和稳定性。

（2）数据分析

对于机构以外的第三方数据，在数据接入阶段可以利用少量样本进行数据分析，评估这些数据对于建模目标的区分能力，选取部分有效字段进入特征池建立最终的模型。这种有选择性的接入，能够保证机构在数据成本方面的投入产出比最优，并且不会因为太多的外部数据接口导致线上服务的时效性降低。

6.2 特征工程和特征筛选

有了较为干净的原始数据，我们就可以开始特征工程的工作了。常用的特征工程方法和风控指标体系在第 4 章中已经详细展开，这里就不再赘述。由于头部的互联网金融机构很早就开始了模型搭建的工作，基本都沉淀了一套内部的特征平台，这样建模人员在每个建模项目中就不需要重复造轮子，只构建一些定制化的特征就可以了。

经过特征工程这一步，我们已经将原始数据转化为成百上千维的大宽表，但是直接将这个大宽表丢到模型里面去训练是不合适的，因为这些特征中存在很多冗余信息，会导致模型训练过程中时间和空间资源的浪费，并且特征本身的不稳定性、特征之间的强相关性，也都会影响最终模型的效果。这些问题都需要在特征筛选环节中解决。通常特征筛选可以通过探索性数据分析、稳定性、重要性、相关性、解释性这几个方面来进行。

6.2.1 探索性数据分析

探索性数据分析（Exploratory Data Analysis，EDA）是生成特征大宽表后应该做的第一步工作，主要是通过统计分布或者做图的方式，初步了解所有特征。通常计算的统计量有字段类型、缺失率、异常率、非重复值数量、标准差、最小值、最大值、平均值、分位点等。

（1）字符型特征

字符型特征在计算机中是无法进行数值计算的，经过特征工程之后字符型特征理应都转化成了数值型特征，如果发现大宽表中还有遗留的字符型特征，这里可以剔除。

（2）缺失率过高

在原始数据中虽然做过缺失值处理的工作，但是不排除由于特征匹配或者加工逻辑，导致特征中依然存在缺失率过高的情况。一般我们会把缺失率过高（例如大于 0.9）的特征筛除，因为这类特征对于整体建模样本而言不具有通用性。

（3）类别过少

有些特征会存在只有一种取值或者标准差为 0 的情况，这说明这类特征本身并没有太多的信息，对于这种类别过少的特征可以剔除。

（4）异常值处理

对于特征大宽表中的异常值，我们可以利用 3sigma 原理来界定，也就是说距离平均值 3 个标准差以上的特征值认为是异常值，如图 6-2 所示。对于这些异常值，通常可以置为 0 或者 $\mu \pm 3\sigma$。越复杂的模型对于异常值越敏感，如果是 WOE+LR 的建模方式，反而可以不提前处理异常值。

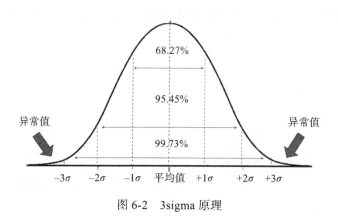

图 6-2　3sigma 原理

6.2.2　稳定性

风控模型对于稳定性的关注总是第一位的，因此在特征筛选阶段我们也希望保留最为稳定的特征。特征稳定性的评估指标依然是 PSI，通常将特征等频划分为 10 箱，默认值单独作为 1 箱，计算两组特征之间的 PSI。在特征较多的情况下建议剔除 PSI > 0.1 的特征，如果特征不够多的话这个阈值可以适当放宽。如果建模样本的时间跨度较长，可以对比不同时间段内特征的 PSI，进行跨时段验证；如果建模样本时间集中，但是涉及多个资金渠道，为了保证通用模型在各个资金渠道都有不错的效果，需要对比渠道之间特征的 PSI，进行跨渠道验证。

6.2.3 重要性

在排除有问题和不稳定的特征之后，我们希望将所有特征对于预测目标的重要性进行排序，从而剔除对于目标贡献不大的特征。根据计算方式的不同，有 IV 值、树模型 feature_importance 和 SHAP 值 3 种。

（1）IV 值

IV 值我们在第 2 章中已经介绍过，是逻辑回归模型中常用来评估特征重要性的方式。IV 值侧重于单变量的筛选，衡量的是每个变量单独对于目标的区分能力。如果一个变量在不同分箱中的正负比差异较大，那么 IV 值会相对较高。

（2）树模型 feature_importance

对于各类树模型，都可以输出特征重要性（feature_importance）的排序。以 XGBoost 为例，XGBoost 由多棵决策树构成，每个变量在单棵决策树中都可以计算出对应的信息增益，增益值越大，说明这个变量对于这棵决策树的性能提升越大。这个变量在所有决策树增益值的加权平均再归一化，就是这个变量在 XGBoost 模型中的 feature_importance。从计算原理上来说，feature_importance 考虑了变量之间的相互作用，能够更好地反映出变量在非线性模型中的重要性。

（3）SHAP 值

除去 IV 值和 feature_importance 这两种方法，近年来又有一种新的 SHAP 值的方法被提出，它能够很好地解释 XGBoost 或者神经网络这类黑箱模型中特征的贡献程度。之前我们介绍了 feature_importance 可以衡量树类模型中变量的重要性，但是通过 feature_importance 却没有办法知道每个变量与目标之间的正负向关系，SHAP 值可以很好地解决这个问题。SHAP 来源于由 Shapley Value 启发的可加性解释模型，对于每个预测样本，模型都会产生一个预测值，SHAP 值就是该样本中每个特征对应的数值。假设第 i 个样本为 x_i，第 i 个样本的第 j 个特征为 $x_{i,j}$，模

型对第 i 个样本的预测值为 y_i，模型的基线（通常是所有样本的目标变量的均值）为 y_{base}，那么 SHAP 值满足：

$$y_i = y_{base} + f(x_{i,1}) + f(x_{i,2}) + \cdots + f(x_{i,k}) \tag{6-1}$$

其中 $f(x_{i,j})$ 为 $x_{i,j}$ 的 SHAP 值。可以看出，当 SHAP 值为正，该样本中该特征对于目标的贡献度为正向；反之则为负向。在 Python 中，可以通过 shap 函数包轻松实现 SHAP 值的计算，并且该函数包还提供了多个维度下 SHAP 值的可视化，方便建模人员分析不同样本中特征的贡献程度。

关于这三种特征重要性的计算方法应该如何选择，从笔者的经验来讲，在特征较多的情况下，可以先利用 IV 值进行粗筛，将单变量预测能力极低（IV < 0.03）的特征剔除；如果运用树类模型的话，可以利用 feature_importance 进一步筛选，剔除 feature_importance 较低的特征；最后可以利用 SHAP 值验证 IV 值和 feature_importance 的结果，观察每个样本在不同特征上的 SHAP 值，判断该特征的贡献度方向是否符合预期。

6.2.4 相关性

对于统计学流派中的逻辑回归，由于没有正则化的处理方式，特征之间的相关性会对模型的稳定性和可解释性造成比较大的影响。首先，相关性会增大回归系数的方差，方差过大会导致该回归系数不显著，错误地将该回归系数置为 0；其次，还会导致其中一个或者多个变量的回归系数正负性与实际相反，造成模型无法解释的问题。机器学习流派中的逻辑回归，由于加入了正则化，能够一定程度上缓解相关性对于模型不稳定的影响，不过去除相关变量能够更好地保证模型的可解释性。相关性对于树类模型的结果不会有太大影响，但是会降低特征应有的重要性，可以根据实际情况决定是否去除相关性较高的变量。通常我们认为相关系数 >0.8 为强相关，保留其中重要性较高的变量。

6.2.5 解释性

特征筛选的最后，还需要业务人员从解释性的角度出发，对筛选后的特征进行最终的确认。这一步的目的在于保证模型考虑的因素符合业务人员的认知，并且建模人员可以提前从模型中剔除一些未来可能发生变动的因素。

这里举两个例子，比如信用模型和反欺诈模型通常会在贷前策略中交叉使用，因而业务人员希望这两个模型的入模变量能够尽量正交，信用模型集中在长期稳定的特征，而反欺诈模型更偏重短期内的变化。再例如营销类的特征和定价类的特征一般不建议加入模型中，因为营销活动本身并不稳定，定价也是随时会调整，这两类变量都不建议直接入模。

6.3 模型训练

确定了最终的入模变量，终于进入模型训练的环节了，在这个环节我们需要选定模型结构，调节模型超参数，以及评估模型的效果。为了得到一个兼具区分度和稳定性的模型，我们需要将样本集分为三部分：训练集（training set）、验证集（validation set）和测试集（testing set）。其中，训练集是用来训练模型的参数；验证集是为了调节模型的超参数，进而得到一组超参数使模型在训练集和验证集上都有稳定的预测效果，不会过拟合或者欠拟合；而测试集通常会选取与训练集时间跨度较大的时间外（Out-Of-Time，OOT）样本集，目的是让测试模型效果不会受到时间因素的影响。通常为了充分验证模型的稳定性，会选取多个测试集来测试。划分完训练集、验证集和测试集，下面我们可以开始模型调参的工作，超参数调得好，一般可以使模型在默认超参数的 KS 上再提升 2 到 3 个点。对于不同的模型结构，需要调节的超参数会有些差异，下面介绍最常用的结构以及对应的重要超参数。

（1）逻辑回归

首先是逻辑回归模型，该模型中超参数并不多，需要调节的超参数就是正则化项（penalty）和正则化项系数的倒数（C）。其中，penalty 可以选择 L1 和 L2 两种，两者都可以避免模型的过拟合，区别在于L1会使特征系数归零，而L2会保留所有的特征；C代表了正则化系数的倒数，C越小则正则化越强，模型也越稳定。对于这种超参数不多的情况，可以利用网格搜索（GridSearch）方法，遍历出不同超参数下验证集上的模型效果，选取验证集上效果最优的一组超参数训练模型，并在测试集上测试。

（2）XGBoost

XGBoost是目前各家公司运用最多的一类模型结构，超参数相比逻辑回归多了一些，因此需要建模人员对各个超参数的含义和作用相对熟悉，这样才能更高效地进行调参工作。XGBoost模型中比较重要的超参数有：树的最大深度（max_depth）、叶子节点最小权重和（min_child_weight）、节点最小分裂损失（gamma）、样本随机比例（subsample）、特征随机比例（colsample_bytree）、L1正则项权重（reg_alpha）、L2正则项权重（reg_lambda）、学习速率（learning_rate）、树的棵数（n_estimators）。利用GridSearch方法调参通常会按照超参数对于模型的影响进行分步搜索：首先是max_depth和min_child_weight，这两个直接决定了树的深度；其次是gamma，gamma越大说明树的分裂越保守；然后是subsample和colsample_bytree，对于样本和特征的随机采样，可以保证树模型的泛化能力；再往后是两个正则化权重reg_alpha和reg_lambda，与逻辑回归中的超参数C类似，值越大则正则化强度越高；最后是learning_rate和n_estimators，这两个超参数直接决定了模型的学习速度和精度，因此放在最后来调节。除去这些树结构中本身的超参数之外，在XGBoost训练的时候还可以加入早停（early_stopping_rounds）的条件，如果验证集上的损失连续多轮没有下降，则模型训练过程被截断，输出最后一轮模型训练的结果。除去传统的GridSearch方法之外，还有一种贝叶斯优化（BayesianOptimization）方法，也可以用作模型调参。相比于GridSearch，贝叶斯优化在每次选取超参数的时候都会考虑上一次超参数的信息，这样能够大大减少模型迭代次数，提高调参效率，很适合XGBoost这种超参数比较多的调参场景。

(3) Wide&Deep

深度学习框架的调参一直是令建模人员头疼的问题，业内甚至戏称为"炼丹"。"炼丹之术"见仁见智，对于 Wide&Deep 这类深度学习模型，并没有一套最优的调参方式，不过以下这些超参数都是值得尝试的。首先，特征在进入网络前，有一个重要的步骤是标准化处理，原因有两个：一是因为深度学习模型是多个广义线性模型交织在一起，如果特征的量纲不统一，数值过大的特征会影响其他特征的贡献程度（WOE+LR 模型中没有要求必须标准化处理，是因为 WOE 映射已经去量纲化）；二是因为数值过大的特征还会影响损失函数的收敛速度，标准化处理后可以显著提升网络的计算效率。

深度学习模型中比较重要的超参数有学习速率（learning_rate）、网络层数（layer）、节点个数（unit）、激活函数（activation）、批量训练样本个数（batch_size）、正则化项系数（regularizer）、优化器（optimizer）、训练次数（epoch）。其中比较难懂的是 optimizer、batch_size 和 epoch，这里单独再介绍下。optimizer 是指神经网络模型中所运用的各类梯度下降的计算方式，常见的有 SGD、RMSprop、Adam 等，这些优化器都是在传统 SGD 的基础上，围绕动量（momentum）和学习率衰减因子（decay）展开，目的是平衡梯度下降的效率和精度，需要根据实际数据来选择和尝试不同的 optimizer。batch_size 和 epoch 可以看作一组参数，它们共同影响着网络权重的更新频率：固定 epoch 的情况下，batch_size 越大则跑完一次 epoch 的迭代次数越少，但是会导致网络权重更新缓慢；固定 batch_size 的情况下，epoch 过多则会导致网络权重更新过于频繁，最终产生过拟合的问题。因此需要通过实验选取比较合适的 batch_size 和 epoch 组合。

除了调节超参数，深度学习模型中还有两种常见的避免过拟合的处理方式，分别是 BatchNormalization 和 Dropout。BatchNormalization 是指在神经网络模型中，在上一个隐藏层的输出和下一个隐藏层的输入之间增加标准化处理，目的是提高网络结构的泛化能力，减少由于每个隐藏层输入的样本分布偏差而导致模型效果衰减的问题；Dropout 则是在模型训练过程中，随机删除一些神经元，通过引入随机噪声的方式，提高网络结构的鲁棒性。对于比较复杂的深度学习模型，可以考虑加入这两层结构。

通常在一个建模项目中，建模人员都会尝试 2、3 种模型结构并调参，以简单模型为基线，再去评估复杂模型能够带来多少效果上的提升。风控模型的评估指标主要还是从准确性（AUC）、区分度（KS）和稳定性（PSI）三方面考虑，反欺诈模型还会关注召回率（Recall）和精准率（Precision）。

6.4　模型部署

相比于传统评分卡，机器学习和深度学习模型的部署要复杂得多，需要专门的工程团队配合模型团队完成。在这个环节，建模人员通常需要提供两个文件，即特征工程脚本和训练好的模型。

特征工程脚本中包含数据清洗和特征加工的所有逻辑，目的是将数仓中的原始数据转化为最终入模的特征。对于模型文件，机器学习模型训练完可以保存为 PMML 文件，深度学习模型则通常保存为 PB 文件，这两种格式的优势是支持跨平台开发，方便工程团队的人员在 Java 环境中调用模型文件来实现计算的功能。

由于离线开发环境和线上生产环境的数据管道通常存在差异，模型部署过程中还有一个重要的工作就是数据验证，包括原始数据、模型特征和端到端的预测结果。对于公司内部的数据源，我们希望线上线下能够完全对齐；对于外部数据源和实时数据，我们允许一定范围内的误差。

6.5　监控预警

至此整个模型的训练和上线工作都已经完成，但是这并不代表着建模项目的结束，因为还有最后一个环节，那就是对于线上模型的监控预警。智能模型由于特征更多、结构更复杂，因此需要持续的更新迭代，通常一个模型的生命周期为 3～6 个月，因而监控预警在智能模型中就显得尤为重要。监控报表的呈现形式可以以图表为主，方便相关人员快速地了解模型现状，报表中可以包含以下几方面信息。

（1）模型效果指标

报表的开头可以是模型三大指标（AUC、KS、PSI）的总览，包括跨时段和跨产品线，能够让人们看清模型对于不同时间段和不同产品线下样本的预测能力。由于 AUC 和 KS 的计算依赖于贷后表现，因此指标总览这块只能计算满足表现期情况下最近一周/月的模型效果，PSI 计算的是这段时间内样本和训练集样本模型评分的稳定性。模型效果指标如表 6-1 所示。

表 6-1　模型效果指标

报表生成日期：20200831
样本统计区间：20200525 ~ 20200531（满足 3 个月表现期）

样本范围	AUC	KS	PSI
总体	0.70	0.35	0.0200
消费贷	0.75	0.38	0.0180
现金贷	0.68	0.32	0.0250

（2）评分分布表

评分分布表主要反映了模型在最近一周/月内各个分数区间的样本占比，可以弥补第一项指标总览中由于表现期而导致近期效果无法监控到的问题。表中主要对比了当前模型评分分布和建模时点评分分布的差异，如果发现评分有较大波动则需要重点关注，提前与业务侧沟通看是客群变化导致还是模型的效果发生衰退。评分分布表如表 6-2 所示。

表 6-2　评分分布表

建模样本区间：20200101 ~ 20200331
当前样本区间：20200824 ~ 20200830

分数区间	建模样本占比	当前样本占比	PSI
(-inf,601]	10.00%	9.00%	0.0011
(601,623]	10.00%	10.00%	0.0000
(623,643]	10.00%	11.10%	0.0011
(643,661]	10.00%	12.00%	0.0036

（续）

分数区间	建模样本占比	当前样本占比	PSI
(661,681]	10.00%	13.10%	0.0084
(681,702]	10.00%	11.90%	0.0033
(702,723]	10.00%	10.30%	0.0001
(723,745]	10.00%	8.80%	0.0015
(745,760]	10.00%	7.30%	0.0084
(760,+inf]	10.00%	6.50%	0.0151
合　计	100.00%	100.00%	0.0426

（3）模型稳定性趋势图

由于表格没有办法展示一段时间内的模型效果，因此还需要折线图来帮助人们看清楚模型在时间轴上的变化趋势。这里首先有稳定性趋势图，横轴是周，纵轴是PSI，反映了模型稳定性随时间的变化。稳定性趋势图如图6-3所示。

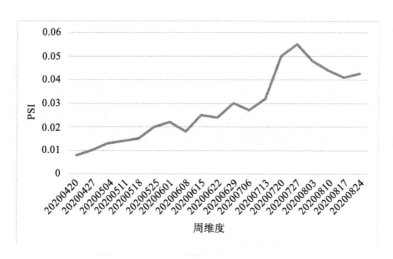

图6-3　模型稳定性趋势图

（4）模型区分度趋势图

除了稳定性趋势图之外，还可以绘制区分度（或者其他关键指标）趋势图，同样横轴是满足表现期的周，纵轴是KS（或者其他关键指标），如果KS持续低于阈值一段时间，就需要考虑模型迭代的事宜。区分度趋势图如图6-4所示。

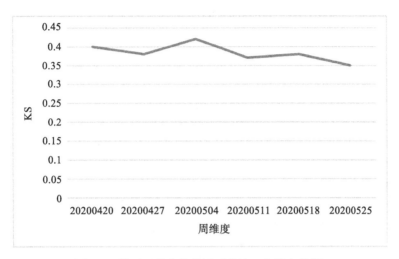

图6-4　模型区分度趋势图（满足3个月表现期）

（5）变量稳定性分析

除了上述模型方面的监控外，变量方面的监控也是必不可少的。通过观察重要变量的稳定性，可以帮助我们更好地解释模型不稳定的原因。变量稳定性可以从缺失率和PSI两个方面考虑，如表6-3所示。

表6-3　Top50重要变量稳定性

建模样本区间：20200101 ~ 20200331
当前样本区间：20200824 ~ 20200830

变量名	缺失率	PSI
Feature 1	25.60%	0.1500
Feature 2	31.40%	0.1200
Feature 3	15.80%	0.1000
Feature 4	40.20%	0.0800
Feature 5	36.70%	0.0600
…	…	…
Feature 49	22.80%	0.0900
Feature 50	34.90%	0.0700

(6) 业务效果指标 (可选)

在实际业务场景中，只监控模型本身还是远远不够的，因为模型的线上效果和使用方式密切相关。在保证策略安全的条件下，可以考虑加入业务指标的监控，例如通过率、逾期率、召回率等。因为风控策略通常是在模型评分的基础上卡一个阈值，有的时候虽然模型评分整体发生了偏移，但是在阈值条件下如果业务指标稳定的话，模型仍然是可以接受的。业务效果指标如表6-4所示。

表6-4 业务效果指标

报表生成日期：20200831
样本统计区间：20200525 ~ 20200531（满足3个月表现期）

样本范围	申请人数	通过人数	通过率	逾期人数	逾期率
总体	10000	3500	35.00%	173	4.94%
消费贷	3000	1200	40.00%	42	3.50%
现金贷	7000	1300	18.57%	131	10.08%

(7) 线上线下误差分析 (可选)

涉及离线数据服务化的模型，建议加入线上线下误差分析的模块，T+0或者T+1对线上模型服务进行监控，防止出现线上线下数据长时间对不齐的事故。这里要求线上模型服务必须把入参和出参以日志的形式保留下来，方便进行解析和验证。重要变量线上线下误差分析如表6-5所示。

表6-5 Top50重要变量线上线下误差分析

统计节点：20200830

变量名	平均误差率	PSI
Feature 1	0.50%	0.0001
Feature 2	2.50%	0.0050
Feature 3	0.00%	0.0000
Feature 4	0.00%	0.0000
Feature 5	0.00%	0.0000
...	...	...
Feature 49	0.00%	0.0000
Feature 50	0.00%	0.0000

6.6 本章小结

本章介绍了智能模型的训练流程，分为数据清洗、特征工程、特征筛选、模型训练、模型部署和监控预警这 6 个环节。其中数据清洗部分需要特别注意缺失值、异常值、重复值、一致性和有效性的问题。特征筛选部分可以基于探索性数据分析，从稳定性、重要性、相关性和解释性这 4 个方面剔除冗余特征。模型训练部分介绍了逻辑回归、XGBoost 和 Wide&Deep 这 3 个常用模型的调参技巧，注意越复杂的模型结构越需要避免过拟合现象的出现。模型训练结束后是部署和监控的工作，风控模型的监控尤为重要，当模型评分出现较大波动时，需要建模人员及时响应并解决。接下来的第 7 章到第 9 章，我们将详细讲述反欺诈、个人信贷和企业信贷这 3 个方面的实战案例。

第 7 章

反欺诈案例

从本章开始我们将进入实战部分,结合具体案例,将之前介绍的业务、数据和算法内容融合起来,带领大家从应用的角度更好地了解智能风控和反欺诈模型搭建的全流程。实战篇的第一个案例是笔者参与的某股份制银行的电子银行交易反欺诈项目,主要是利用无监督模型识别出交易流水异常的用户。

7.1 案例背景

某股份制银行有 2016 年行内客户的全部 8000 万条电子银行交易流水,覆盖 320 万名用户。由于行内对欺诈用户的拦截较为谨慎,现存的欺诈样本极少,希望建模人员先利用无监督的方式识别出异常用户,再利用行内已有的欺诈样本来评估模型效果。

7.2 原始数据介绍

考虑到数据的安全性,这里仅展示电子银行交易流水表中与模型相关的原始字段，如表 7-1 所示。

表 7-1　电子银行交易流水原始字段

中文名	英文名	解　释
事件编号	Event_Id	交易事件唯一编码
交易时间	Txn_Tm	交易事件时间戳
交易代码	Txn_Cd	交易类型，共 308 种，例如登录、支付、转账等
交易状态代码	Txn_Stat_Cd	交易成功或失败
用户编号	User_Id	电子银行客户编号
错误信息	Error_Msg	交易失败原因
来源 IP 地址	Source_IP	交易事件 IP 地址
交易渠道代码	Txn_Channel_Cd	交易事件渠道，例如个人、小微、网站等

7.3　探索性数据分析

行内数据经过治理后，本身数据质量较好，因此不需要额外进行数据清洗工作。由于无监督算法更多是关注对数据本身分布特性的挖掘，这里我们对原始数据进行探索性数据分析，主要关注交易笔数、时间、类型和 IP 地址四个方面的分布特性，为下一步的特征工程提供方向。

7.3.1　交易笔数

首先，我们观察交易笔数分布的情况，如表 7-2 所示。可以发现大约有一半的用户在一年内的交易笔数小于或等于 5，还有极少部分用户一年内的交易笔数大于 500，我们针对这两种情况对交易流水明细进行了细致分析。对于交易笔数小于或等于 5 的用户，其中一半以上的交易类型都是登录，并没有在电子银行侧留下太多的交易行为数据，属于电子银行的弱活跃用户；而那些交易笔数大于 500 的用户，经行内确认交易大都是特殊的业务场景。因此基于交易流水，我们对最终建模样本进行了筛选，仅保留一年内交易笔数在 6 ~ 500 笔之间的用户，涵盖 4000 万条交易流水和 160 万名用户。

表 7-2 交易笔数分布

交易笔数	用户数量	用户占比
1	454661	14.64%
2	342906	11.03%
3	368651	11.86%
4	281347	9.05%
5	194826	6.27%
6～10	515260	16.57%
11～50	693721	22.32%
51～100	139730	4.49%
101～500	104186	3.35%
501～1000	8651	0.28%
>1000	4762	0.15%

7.3.2 交易时间

根据经验判断，盗刷等欺诈交易容易发生在午夜或者周末，因为这段时间是持卡人较为松懈的时间，我们也通过数据验证了这一猜想。如表 7-3 和图 7-1 所示，大多数的电子银行交易发生在工作时间（周一到周五，上午 9:00～12:00，下午 13:30～17:00），从业务角度分析，因为登录电子银行需要用户在电脑上操作，而大多数人只有工作时间才会在电脑旁，因此交易在时间上的分布符合预期。这也为构建时间类特征提供了思路，午夜交易占比和周末交易占比，可能会是两个具有区分度的特征。

表 7-3 交易周维度时间分布

交易日期	交易数量	交易占比
周日	7152641	8.60%
周一	14200045	17.07%
周二	13915482	16.72%
周三	13768531	16.55%

(续)

交易日期	交易数量	交易占比
周四	13001599	15.62%
周五	13212153	15.88%
周六	7960161	9.57%

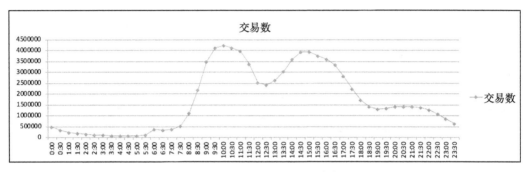

图 7-1　交易天维度时间分布

7.3.3　交易类型

在行内电子银行交易流水表中，现存308种交易类型，如果直接将这些交易类型进行独热处理显然是不合理的，因为会导致特征矩阵的稀疏问题。这里我们从三个角度将交易类型进行划分，保证交易类型特征的解释性和稠密性。第一个角度是按照交易属性，将交易类型划分为转账、支付、账户操作这三类，用来观察用户在电子银行的交易习惯。第二个角度是按照交易类型占比，将交易类型划分为高频、中频、低频，如果一个低频交易类型在一个用户过去一年的交易流水中出现次数过多，我们有理由认为这个用户和普通用户相比存在差异。第三个角度是从反欺诈场景出发，筛选出敏感、风险、失败交易，其中敏感交易是从数据层面分析较容易出现失败的交易类型，例如"资产管理类理财产品赎回"；风险交易是从行内业务人员经验分析较容易出现欺诈的交易类型，例如"找回登录名"；失败交易通过交易状态代码直接判断。这三种交易类型都直接与反欺诈业务相关，任何一种类型发生的次数过多都可能意味着欺诈行为。

7.3.4 交易 IP 地址

登录电子银行的 IP 地址频繁变动和短时间内异地登录也是交易欺诈中的常见信号，因此这里我们对交易 IP 地址的分布也进行了分析。如表 7-4 所示，极少部分用户出现一年内的 IP 地址个数超过 50 的情况，这类特征有必要放到后续模型中。线下我们也尝试将 IP 地址映射到地区，从而计算相邻 IP 地址之间变动的距离和速度，但是由于线上并没有接入这个 API，因而相关特征在本期中无法入模，只能放到下期优化的工作中去。

表 7-4 交易 IP 地址分布

交易 IP 地址个数	用户数量	用户占比
1	1829147	58.84%
2	348056	11.20%
3	172698	5.56%
4	112190	3.61%
5	81982	2.64%
6 ~ 10	229501	7.38%
11 ~ 50	297149	9.56%
51 ~ 100	29369	0.94%
101 ~ 500	8575	0.28%
501 ~ 1000	20	0.00%
>1000	14	0.00%

7.4 特征工程

基于上述 EDA 的分析结论，结合行内业务专家的意见，我们进行了特征加工，并且利用统计和模型的方式进行了特征筛选。

7.4.1 特征加工

特征的加工主要从两个方面考虑：静态指标和动态指标。静态指标是指用户历史或者过去一段时间内交易笔数、时间、类型和 IP 地址的分布情况，主要刻画了用户在电子银行的交易习惯；动态指标则是围绕周期性、波动性和欺诈模式，捕捉用户有无明显的交易异常行为。这里周期性主要计算用户每笔交易行为之间的时间间隔分布，波动性计算滑动窗口内交易笔数和时间间隔的标准差，欺诈模式则是来自行内业务专家的建议，把几种常见的欺诈行为规律作为 0-1 特征加入模型中来，最终生成 238 个原始特征，分类如表 7-5 所示。

表 7-5　电子银行交易反欺诈模型特征体系

一级大类	二级大类	数　量
交易数量分布	交易笔数	3
	短期内交易笔数分布	12
	中期内交易笔数分布	12
	长期内交易笔数分布	4
交易时间分布	周一到周日交易比例	9
	每天 24 小时交易比例	52
交易类型分布	高 / 中 / 低频交易类型比例	3
	转账 / 支付 / 账户交易类型比例	6
	敏感 / 风险 / 失败交易类型比例	6
	敏感 / 风险交易类型分布	16
	失败交易类型分布	28
交易地址分布	IP 地址数量	1
	IP 地址变动次数分布	17
	IP 地址变动距离分布	16
	IP 地址变动速度分布	16
交易周期性	每 1/3 笔交易时间间隔周期	8
	每 5/10 笔交易时间间隔周期	8
交易波动性	交易笔数波动性	7
	交易时间间隔波动性	10
交易欺诈模式	连续失败 / 试探性交易	4

在实际特征加工过程中，除了常见的分组求统计值外，还会遇到例如计算前后变动次数、连续最多次数、是否存在子列、滑动窗口等复杂逻辑。笔者以这个案例

中的特征为例,向大家展示在 Python 中如何实现上述逻辑。

前后变动次数的 Python 代码如下:

```
1  def IpFreqCalc(data):
2      '''
3      input:
4      data: dataframe, 原始数据
5      return:
6      result: dataframe, 包含User_Id和IpFreq
7      '''
8      #根据User_Id和Txn_Tm对数据排序
9      data['Txn_Tm'] = pd.to_datetime(data['Txn_Tm'],errors='coerce')
10     data = data.sort_values(['User_Id','Txn_Tm'],ascending=True)
11     #比较每条记录与前一条记录的IP地址
12     data['tmp_'] = data['Source_IP'].shift(1)
13     data['tmp_'] = (data['Source_IP']!=data['tmp_']).astype(int)
14     #用tag_标记每组User_Id的第一条记录
15     data['tag_'] = data['User_Id'].shift(1)
16     data['tag_'] = (data['User_Id']!=data['tag_'])
17     data.loc[data['tag_'],'tmp_'] = 0
18     #计算每组User_Id内的IP地址变动次数
19     result = data.groupby(by='User_Id',sort=False)['tmp_'].sum()
20     result.name = 'IpFreq'
21     result.index.name = 'User_Id'
22     print('IP地址变动次数完成')
23     return result
```

连续最多次数的 Python 代码如下:

```
1  def ConFailNumCalc(data,list_fail):
2      '''
3      input:
4      data: dataframe, 原始数据
5      list_fail: list, 失败交易代码列表
6      return:
7      result: dataframe, 包含User_Id和ConFailNum
8      '''
9      #失败交易代码大写转小写
10     list_fail = [xx.lower() for xx in list_fail]
11     #根据User_Id和Txn_Tm对数据排序
12     data['Txn_Tm'] = pd.to_datetime(data['Txn_Tm'],errors='coerce')
```

```
13      data = data.sort_values(['User_Id','Txn_Tm'],ascending=True)
14      #计算每组User_Id内的连续失败交易笔数
15      data['tmp1_'] = (data['Txn_Stat_Cd'].isin(list_fail)==False).astype(int)
16      data['tmp2_'] = data['tmp1_'].cumsum()
17      data = data.set_index('User_Id')
18      data_last = data.groupby(level=['User_Id'],sort=False)['tmp2_'].last()
19      data_last = data_last.shift(1).fillna(0)
20      data['tmp2_'] = data['tmp2_']-data_last
21      data = data.reset_index()
22      #计算每组User_Id内的连续失败最多交易笔数
23      result = data.groupby(by=['User_Id','tmp2_'],sort=False)['tmp2_'].count()-1
24      result = result.groupby(level=['User_Id'],sort=False).max()
25      result.name = 'ConFailNum'
26      result.index.name = 'User_Id'
27      print('连续失败最多交易笔数完成')
28      return result
```

是否存在子列的 Python 代码如下：

```
 1  def RiskPatCountCalcGroupby(xx, risk_pat):
 2      '''
 3      辅助函数，对于每组User_Id的数据，判断是否存在试探性交易规律
 4      input:
 5      xx: 二元组(dataframe.groupby对象中的一个元素)，第一项为User_Id，第二项为
         dataframe交易数据
 6      risk_pat: list, 指定试探性交易规律
 7      return:
 8      tmp_result: dataframe, 包含User_Id和RiskPatCount
 9      '''
10      df = xx[1].copy()
11      tmp = sum(list(df['tmp_'])[i:i+len(risk_pat)] == risk_pat for i in
         range(len(df)))
12      tmp_result = pd.DataFrame()
13      tmp_result['RiskPatCount'] = [tmp]
14      tmp_result['User_Id'] = xx[0]
15      return tmp_result
16
17  def RiskPatCountCalc(data, list_type, list_fail, risk_pat):
18      '''
19      主体函数，判断是否存在试探性交易规律
20      input:
21      data: dataframe, 原始数据
```

```
22      list_type: list, 风险交易类型
23      list_fail: list, 失败交易代码
24      risk_pat: list, 指定试探性交易规律
25      return:
26      result: dataframe, 包含User_Id和RiskPatCount
27      '''
28      #交易类型和交易代码大写转小写
29      list_type = [xx.lower() for xx in list_type]
30      list_fail = [xx.lower() for xx in list_fail]
31      #根据User_Id和Txn_Tm对数据排序
32      data['Txn_Tm'] = pd.to_datetime(data['Txn_Tm'],errors='coerce')
33      data = data.sort_values(['User_Id','Txn_Tm'],ascending=True)
34      #判断每组User_Id内是否存在试探性交易
35      data['tmp_'] = (data['Txn_Stat_Cd'].isin(list_fail))&(data['Txn_Cd'].isin(list_type)).astype(int)
36      data_by = data.groupby(by='User_Id',sort=False)
37      data_list = list(map(lambda xx:RiskPatCountCalcGroupby(xx,risk_pat),data_by))
38      result = pd.concat(data_list)
39      print('是否存在试探性交易规律完成')
40      return result
```

滑动窗口的 Python 代码如下:

```
1   def RecentTransNumCalcGroupby(xx, col_time, col_time_before, col_out):
2       '''
3       辅助函数，对于每组User_Id的数据，计算每笔交易最近某段时间内（比如最近10分钟）的交易笔数
4       input:
5       xx: 二元组(dataframe, groupby对象中的一个元素)，第一项为User_Id，第二项为dataframe交易数据
6       col_time: list, 交易时间对应的列名，一般为Txn_Tm
7       col_time_before: list, 元素为交易时间减去某个时间段后的时间对应的列名，如recent10m_time
8       col_out: list, 元素为计算得到的列名，如Recent10mTransNum，需要与col_time_before对应
9       return:
10      result: dataframe, 包含User_Id、Event_Id以及col_out中的字段
11      '''
12      df = xx[1].copy()
13      for i,col in enumerate(col_time_before):
14          df[col+'_start_index'] = df[col_time].values.searchsorted(df[col],side='right')
```

```
15          df[col+'_end_index'] = np.arange(df.shape[0])
16          result_tmp = df[col+'_end_index'] - df[col+'_start_index'] + 1
17          result_tmp.name = col_out[i]
18          result_tmp = pd.DataFrame(result_tmp)
19          result_tmp['User_Id'] = xx[0]
20          result_tmp['Event_Id'] = df['Event_Id']
21          if i==0:
22              result = result_tmp.copy()
23          else:
24              result = pd.merge(result,result_tmp,on=['Event_Id','User_Id'])
25      return result
26
27  def RecentTransNumCalc(rawdata):
28      '''
29      主体函数，计算每笔交易最近某段时间内（比如最近10分钟）的交易笔数
30      input:
31      rawdata: dataframe，原始数据
32      return:
33      result: dataframe，包含User_Id、Event_Id以及统计字段
34      '''
35      data = rawdata.copy()
36      #根据User_Id和Txn_Tm对数据排序
37      data['Txn_Tm'] = pd.to_datetime(data['Txn_Tm'],errors='coerce')
38      data = data.sort_values(by=['User_Id','Txn_Tm'])
39      #确定滑动窗口区间
40      data['recent10m_time'] = data['Txn_Tm'] - pd.DateOffset(minutes=10)
41      data['recent30m_time'] = data['Txn_Tm'] - pd.DateOffset(minutes=30)
42      data['recent60m_time'] = data['Txn_Tm'] - pd.DateOffset(minutes=60)
43      data['recent1_time'] = data['Txn_Tm'] - pd.DateOffset(days=1)
44      data['recent3_time'] = data['Txn_Tm'] - pd.DateOffset(days=3)
45      data['recent7_time'] = data['Txn_Tm'] - pd.DateOffset(days=7)
46      data['recent30_time'] = data['Txn_Tm'] - pd.DateOffset(days=30)
47      data_by = data.groupby(by='User_Id',sort=False)
48      #计算每组User_Id每笔交易最近某段时间内的交易笔数
49      col_time_before_out_maps = {'recent10m_time':'Recent10mTransNum','recent30m_time':'Recent30mTransNum','recent60m_time':'Recent60mTransNum','recent1_time':'Recent1TransNum','recent3_time':'Recent3TransNum','recent7_time':'Recent7TransNum','recent30_time':'Recent30TransNum'}
50      col_time = 'Txn_Tm'
51      col_time_before = {'recent10m_time','recent30m_time','recent60m_time','recent1_time','recent3_time','recent7_time','recent30_time'}
52      col_out = [col_time_before_out_maps[col] for col in col_time_before]
```

```
53      data_list = list(map(lambda xx: RecentTransNumCalcGroupby(xx,col_
        time,col_time_before,col_out), data_by))
54      result = pd.concat(data_list)
55      print('每笔交易最近某段时间内的交易笔数完成')
56      return result
```

7.4.2 特征筛选

特征筛选我们主要从相关性、解释性和重要性三方面考虑，稳定性方面由于没有更多跨时段和跨渠道样本，在本案例中暂时不考虑。

相关性主要是为了去除冗余的特征，提高整个模型的鲁棒性；解释性是行内业务专家基于对过去欺诈案例的分析，筛选出与欺诈客户相关的特征，保证模型结果的合理性；重要性方面，由于本案例中用到的两个无监督算法 K-means 和 Isolation Forest 本身并不计算特征重要性，这里我们自己定义了这两个无监督算法的特征重要性。以 K-means 为例，将 238 个原始特征输入模型训练并预测，基于预测的正常和异常客群，计算两个客群之间每个特征平均值的差，差值越大则说明这个特征在该模型中的重要性越大。iForest 计算特征重要性的方式也是一样。基于以上筛选逻辑，我们保留 23 个特征作为最终的入模变量。

7.4.3 特征分组

在分析两个子模型重要特征的时候，我们发现了一个有趣的现象，就是相同的特征在两个子模型中的重要性差异较大。为了探寻这一现象背后的原因，我们画出了 23 个重要特征的分布图，发现特征在不同子模型中重要性的排序与其本身的数据分布相关。在这 23 个特征中，可以根据数据分布分为两类：长尾型分布和 U 型分布，横轴代表特征的取值范围，纵轴代表人数，如图 7-2 所示。

长尾型分布的特征例如交易总笔数，随着交易笔数的增大，对应的人数不停减少；U 型分布的特征例如敏感交易类型比例，大部分用户的敏感交易类型比例极低，但是存在少部分疑似异常用户的敏感交易比例较高，使得这个特征的分布呈现头尾人数多、中间人数低的情况。对于长尾型分布的特征，在 iForest 子模型中重要性较高，因为 iForest 中每棵 iTree 随机分裂的特性，使得长尾的离群点更容易被识别成异常。而在 K-means 中，簇的生成基于误差平方和最小的目标，倾向于将距离较近的样本划分到一起，U 型特征分布上的特性，恰好天然地能够将整体样本划分为两个簇，因此 U 型特征的重要性在 K-means 中排名更靠前。

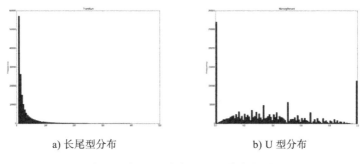

a) 长尾型分布　　　　　　　　b) U 型分布

图 7-2　长尾型分布和 U 型分布的对比

基于特征分布和两个子模型的特性，我们将 23 个重要特征进行分组，其中 8 个长尾型特征输入 iForest，剩余 15 个 U 型特征输入 K-means，这样也更好地保证了两个子模型的独立性，提高了最终 Ensemble 模型的效果。

7.5　模型训练

本次案例中选取了两个经典的无监督算法：K-means 和 iForest。先各自训练子模型，再将子模型预测的异常用户结果相结合，得到最终 Ensemble 模型的结果。在 K-means 模型中，我们令簇的个数为 2，则聚类后人数较少的簇被认为是异常簇，人数较多的簇被认为是正常簇，异常簇中每个样本到正常簇中心的距离定义为异常度得分，距离越大则异常度得分越高；在 iForest 模型中，可以根据算法定义，每个样本距离根结点的平均距离越短，则异常度得分越高。根据异常度得分的排名，选取适当的阈值，就可以得到子模型对于异常用户的预测结果。两个子模型训练和计算异常度得分的 Python 代码如下所示：

```python
import pandas as pd
from sklearn.preprocessing import MinMaxScaler
from sklearn.cluster import KMeans
from sklearn.ensemble import IsolationForest

###K-means模型
def kmeans_train(data,to_delete=None):
    '''
    训练k-means模型并输出异常得分
    input:
    data: dataframe,原始变量数据,其index为User_Id,columns为变量名
    to_delete: list,训练模型时需要删除的变量,默认不删除
    return:
    cluster: 训练好的k-means模型对象
    score: series,模型计算的异常得分
    '''
    #删除变量
    if to_delete is None:
        to_delete = []
    feature_remain = [col for col in data.columns.tolist() if col not in to_delete]
    #归一化处理
    data_select = data[feature_remain]
    select_index = data_select.index
    select_column = data_select.columns
    scaler = MinMaxScaler()
    data_std = scaler.fit_transform(data_select)
    data_std = pd.DataFrame(data_std,index=select_index,columns=select_column)
    #模型训练
    cluster = KMeans(n_clustering=2,random_state=0)
    cluster.fit(data_std)
    label = cluster.labels_
    print('模型训练完成')
    #计算异常得分
    score = cluster.transform(data_std)
    score = pd.DataFrame(score,index=select_index,columns=['Distance0','Distance1'])
    score['Class'] = label
    score = score[score['Class'] == 1]
    del score['Distance1'],score['Class']
    score = pd.Series(score)
    score.index = select_index
    score.name = 'score'
```

```
42      print('异常得分计算完成')
43      return cluster,score
44
45  ###iForest模型
46  def iforest_train(data,params,to_delete=None,feature_weights=None):
47      '''
48      训练iForest模型并输出异常得分
49      input:
50      data: dataframe, 原始变量数据，其index为User_Id, columns为变量名
51      params: dict, iForest相关参数及取值
52      to_delete: list, 训练模型时需要删除的变量，默认不删除
53      feature_weights: dict, key为变量名，value为变量权重(实际取值应为正整数，代表该
          变量对应列的复制次数)，默认均为1
54      return:
55      clf: 训练好的iForest模型对象
56      columns_use: list, 实际入模的变量列表，根据变量权重可能有重复
57      score: series, 模型计算的异常得分
58      '''
59      #删除变量
60      if to_delete is None:
61          to_delete = []
62      feature_remain = [col for col in data.columns.tolist() if col not in
          to_delete]
63      #加入变量权重
64      if feature_weights is None:
65          feature_weights = {}
66      for col in feature_remain:
67          if col not in feature_weights:
68              feature_weights[col] = 1
69      columns_use = []
70      for col in feature_remain:
71          columns_use.extend([col]*feature_weights[col])
72      #模型训练
73      clf = IsolationForest(**params)
74      clf.fit(data[columns_use])
75      print('模型训练完成')
76      #计算异常得分
77      score = pd.Series(0.5-clf.decision_function(data[columns_use]))
78      score.index = data.index
79      score.name = 'score'
80      print('异常得分计算完成')
81      return clf,columns_use,score
```

7.6 模型评估

在本章的案例中，我们将子模型异常度得分排名前 1% 的用户作为子模型预测的异常用户，两个子模型共同预测为异常用户的共 208 人。为了对比 Ensemble 模型和各个子模型对于异常用户的识别能力，我们抽取了一些疑似异常用户的交易流水，来分析不同模型预测出来的异常用户的不同特性。

K-means 子模型倾向于静态指标，识别出某种类型或者某个时间段交易笔数占比过高的用户，例如表 7-6 和表 7-7 中的这两个用户（截取部分交易流水），用户 A 总共 6 笔手机支付全部出现手机号码不匹配的问题，是 K-means 子模型中异常度得分排名较高的用户；用户 B 总共 21 笔交易中存在 3 笔手机支付超出当日累计支付限额的问题，并且还有 3 笔午夜支付，相较于用户 A 排名较低。

表 7-6 K-means 模型识别的异常用户 A

交易时间	交易代码	错误信息
20160625 07:35:40	手机支付	手机号码不匹配
20160625 07:35:42	手机支付	手机号码不匹配
20160625 07:38:56	手机支付	手机号码不匹配
20160625 07:39:42	手机支付	手机号码不匹配
20160625 07:43:29	手机支付	手机号码不匹配
20160625 07:45:38	手机支付	手机号码不匹配

表 7-7 K-means 模型识别的异常用户 B

交易时间	交易代码	错误信息
20160809 23:27:53	手机支付	
20160821 16:37:02	手机支付	超出当日累计支付限额
20160821 16:37:53	手机支付	
20160821 16:43:33	手机支付	超出当日累计支付限额
20160821 16:45:31	手机支付	超出当日累计支付限额
20160822 19:21:57	手机支付	
20160823 03:08:55	手机支付	
20160823 03:21:15	手机支付	
20160823 03:25:06	手机支付	

iForest 子模型侧重于动态指标，捕捉用户交易周期性和波动性的突然变化，或者较为明显的欺诈模式。异常度得分越高的用户，从交易流水上来看越异常。例如表 7-8 和表 7-9 中的这两个用户（截取部分交易流水），用户 C 的所有 109 笔交易均发生在一天的 15 分钟内，并且一直在尝试兑换积分礼品，是 iForest 子模型中异常度得分最高的用户；用户 D 总共 282 笔交易，大部分呈现周期性，但是在某一天出现连续 4 次尝试预约理财产品失败的情况，不排除被他人盗号的可能性。

表 7-8　iForest 模型识别的异常用户 C

交易时间	交易代码	错误信息
20161022 15:43:39	礼品查询及兑换	
20161022 15:43:49	积分礼品兑换	卡片有效期不正确
20161022 15:44:05	礼品查询及兑换	
20161022 15:44:15	积分礼品兑换	卡片有效期不正确
20161022 15:44:46	礼品查询及兑换	
20161022 15:44:56	积分礼品兑换	卡片有效期不正确
20161022 15:45:06	礼品查询及兑换	
20161022 15:45:18	积分礼品兑换	卡片有效期不正确

表 7-9　iForest 模型识别的异常用户 D

交易时间	交易代码	错误信息
20160301 09:22:53	账户登录	
20160301 09:25:16	资产管理类理财产品预约购买	该交易不支持预受理
20160301 09:26:03	资产管理类理财产品预约购买	该交易不支持预受理
20160301 09:27:00	资产管理类理财产品预约购买	该交易不支持预受理
20160301 09:27:34	资产管理类理财产品预约购买	该交易不支持预受理
20160303 10:50:39	账户登录	

Ensemble 模型则综合了子模型的优点，从用户静态和动态两方面特征考虑，提升了模型的准确率。例如表 7-10 中的这个用户 E（截取部分交易流水），同时出现了转账交易比例过高和短时间内交易笔数突增的问题，经行内业务专家判定，该用户确实属于一个跨国欺诈团伙。

表 7-10 Ensemble 模型识别的异常用户 E

交易时间	交易代码	错误信息
20160326 14:35:50	账户登录	
20160326 14:37:29	跨行单笔汇款	
20160326 14:41:16	跨行单笔汇款	
20160326 14:45:46	跨行单笔汇款	
20160326 14:46:59	跨行单笔汇款	
20160326 14:50:36	跨行单笔汇款	
20160326 14:59:33	跨行单笔汇款	
20160326 15:01:11	跨行单笔汇款	
20160326 15:02:11	跨行单笔汇款	

7.7 案例优化

上面就是对反欺诈案例的一些介绍，由于项目时间有限，还有很多想法没有及时落地，这里列出一些优化点，与大家分享。

（1）特征优化

本案例中目前只运用了交易笔数、时间、类型和 IP 地址这些常规的数据维度，其中 IP 地址的挖掘也是远远不够的。对于 IP 地址，除去加入两笔交易之间 IP 地址变动的距离和速度外，还可以考虑 IP 地址对应的地理位置是否涉黑或是高风险地区。此外，用户的操作日志、设备属性，以及账户之间的交易关系，都是与欺诈行为息息相关的属性，有待进一步采集和分析。

（2）算法优化

2016 年项目实施时，各类先进的算法还不像当下这样在业界被广泛运用，并且受限于行内的系统环境，当时还是选择了传统的机器学习算法。如今再来审视这个项目，在算法层面能够优化的地方也有很多。无监督算法可以尝试 Autoencoder，通过神经网络的方式找出欺诈用户背后隐藏的分布规律；周期性和波动性特征的构建，可以利用时间序列模型，自动提取数据中的时序特征；对于反欺诈这种正负样本极度不均衡的问题，当下流行的 PU-learning、self-training、co-training 等半监督算法，都可以通过算法的方式增强正样本，相比于纯粹的无监督算法，相同召回率下模型的准确率更高。

（3）场景优化

本案例中的反欺诈模型主要关注识别账户的异常。为了提高模型的准确性，还可以针对不同的欺诈场景建立多个子模型，例如识别用户主动发起的第一方欺诈，或者是账户被盗用后产生的第三方欺诈。同时，除了账户维度的反欺诈模型之外，还可以搭建交易维度的反欺诈模型，识别单笔交易是否异常，与账户反欺诈配合使用效果更佳。

7.8 本章小结

本章从某股份制银行的电子银行交易反欺诈项目出发，介绍了无监督算法在反欺诈领域的应用。通过探索性数据分析，项目组从交易笔数、交易时间、交易类型和交易 IP 地址这 4 个方面挖掘出欺诈用户的特性，并且归纳成 238 个原始特征。模型方面，分别利用筛选后的长尾型分布和 U 型分布特征，建立 K-means 和 iForest 子模型，再将子模型预测的结果相结合，构成最终的 Ensemble 模型。针对 Ensemble 模型预测的疑似异常用户，项目组和行内业务专家一同进行了样例分析，证实了该模型确实能够从静态和动态两方面识别出用户的交易欺诈行为。下一章我们将介绍有监督算法在个人信贷风控场景中的应用。

第 8 章

个人信贷风控案例

个人信用类贷款是目前互联网金融领域中最常见的业务场景，蚂蚁"借呗"、腾讯"微粒贷"、京东"金条"都属于这一业务范畴。个人信贷的特点在于无抵押，金融机构根据自身对于客户的信用评估来决定贷款额度和利率。由于个人信贷每天申请量大、件均放款额度小，传统人工审核的方式显然是不适合的，因此建立智能风控模型是机构开展个人信贷业务的前提条件。笔者参与过很多银行和互联网金融机构个人信贷模型搭建的项目，但由于风控和数据安全的原因，在本书中无法直接介绍。本章基于 Kaggle 社区上一个经典的比赛题目" Home Credit Default Risk"，来分享一些笔者在个人信贷风控建模中的经验。

8.1 案例背景

捷信（Home Credit）作为业内头部的消费金融公司，主要为没有足够征信记录的人群，也就是我们常说的次贷人群，提供贷款服务。捷信基于公司内部数据和外部征信、通信、消费类数据，利用统计和机器学习等方式，对客户的信用状况进行评估，从而帮助更多的人得到贷款服务。本题中给出 30 万条贷款申请样本及逾期表现，以及申请节点客户的各维度数据，希望搭建风控模型并做出预测，以 AUC 作为评估指标。

8.2 原始数据介绍

本题中的原始数据如下。

- 申请数据（application_train/test）：包括主键（SK_ID_CURR）、逾期目标（TARGET）、贷款信息、客户基本信息、资产状况、申请时提供材料、外部评分等。
- 征信数据（bureau/ bureau_balance）：征信报告上的逾期金额、逾期状态、逾期时间等，其中历史信用记录以月维度展示。
- 历史申请数据（previous_application）：客户历史上申请本机构的贷款类型、金额、时间、结果等。
- 历史贷款数据（POS_CASH_balance）：客户历史上在本机构贷款的金额和逾期情况，以月维度展示。
- 历史信用卡消费数据（credit_card_balance）：客户历史上在本机构信用卡的消费金额和次数，以月维度展示。
- 历史信用卡还款数据（installments_payments）：客户历史上在本机构信用卡的使用金额和逾期情况。

8.3 特征工程

本节参考了本题排名比较靠前的一位参赛者的思路，利用离散化和统计量这两种比较粗暴直接的加工方式，生成了 814 维的客户大宽表。主要的特征工程思路如下。

- 离散特征：对于字符型的原始数据进行独热处理，生成 0-1 编码类的特征，解决字符型数据无法进行模型训练的问题。

- 统计特征：对于月维度的原始数据，通过聚合成统计量的方式，关联到客户样本。
- 比例特征：对于具有一定业务含义的，比如收入还款比等，计算了相关比例。
- 交叉特征：针对历史申请数据中的通过和拒绝，征信数据中额度的激活和关闭，分别衍生了更细颗粒度的相关特征，属于人工生成的交叉项。

在 Kaggle 比赛中，这种简单特征＋复杂模型的方式较为常见，节约了人工构造特征的时间，能够在较短项目周期内获得不错的模型结果。然而，这种特征工程方式的劣势在于生成的特征较为稀疏，单变量区分能力不强，且可解释性较差，从后面模型训练的结果对比来看，更适用于 XGBoost 或者 Wide&Deep 这类复杂模型。在实际风控项目中，笔者并不提倡这种粗暴的特征工程方式，建议与业务专家一起，打磨出更加精细的特征大宽表。

以历史申请特征为例，特征工程的部分 Python 代码如下：

```
1  import pandas as pd
2  import numpy as np
3  import gc
4
5  #异常值替换为缺失
6  data_pre_application['DAYS_FIRST_DRAWING'].replace(365243, np.nan, inplace= True)
7  data_pre_application['DAYS_FIRST_DUE'].replace(365243, np.nan, inplace= True)
8  data_pre_application['DAYS_LAST_DUE_1ST_VERSION'].replace(365243, np.nan, inplace= True)
9  data_pre_application['DAYS_LAST_DUE'].replace(365243, np.nan, inplace= True)
10 data_pre_application['DAYS_TERMINATION'].replace(365243, np.nan, inplace= True)
11 #字符型特征离散化
12 data_pre_application, new_columns_pre_application = one_hot_encoder(data_pre_application)
13 #衍生比例类特征
14 data_pre_application['APP_CREDIT_PERC'] = data_pre_application['AMT_APPLICATION'] / data_pre_application['AMT_CREDIT']
```

```python
15  #衍生聚合类特征
16  num_aggregations = {
17      'AMT_ANNUITY': ['min', 'max', 'mean'],
18      'AMT_APPLICATION': ['min', 'max', 'mean'],
19      'AMT_CREDIT': ['min', 'max', 'mean'],
20      'APP_CREDIT_PERC': ['min', 'max', 'mean', 'var'],
21      'AMT_DOWN_PAYMENT': ['min', 'max', 'mean'],
22      'AMT_GOODS_PRICE': ['min', 'max', 'mean'],
23      'HOUR_APPR_PROCESS_START': ['min', 'max', 'mean'],
24      'RATE_DOWN_PAYMENT': ['min', 'max', 'mean'],
25      'DAYS_DECISION': ['min', 'max', 'mean'],
26      'CNT_PAYMENT': ['mean', 'sum'],
27  }
28  cat_aggregations = {}
29  for cat in new_columns_pre_application:
30      cat_aggregations[cat] = ['mean']
31  #历史申请特征
32  prev_agg = data_pre_application.groupby('SK_ID_CURR').agg({**num_
    aggregations, **cat_aggregations})
33  prev_agg.columns = pd.Index(['PREV_'+column[0]+'_'+column[1].upper() for
    column in prev_agg.columns.tolist()])
34  #历史申请通过特征
35  approved = data_pre_application[data_pre_application['NAME_CONTRACT_
    STATUS_Approved'] == 1]
36  approved_agg = approved.groupby('SK_ID_CURR').agg(num_aggregations)
37  approved_agg.columns = pd.Index(['APPROVED_'+column[0]+'_'+column[1].
    upper() for column in approved_agg.columns.tolist()])
38  prev_agg = prev_agg.join(approved_agg, how='left', on='SK_ID_CURR')
39  del approved, approved_agg
40  #历史申请拒绝特征
41  refused = data_pre_application[data_pre_application['NAME_CONTRACT_STATUS_
    Refused'] == 1]
42  refused_agg = refused.groupby('SK_ID_CURR').agg(num_aggregations)
43  refused_agg.columns = pd.Index(['REFUSED_'+column[0]+'_'+column[1].upper()
    for column in refused_agg.columns.tolist()])
44  prev_agg = prev_agg.join(refused_agg, how='left', on='SK_ID_CURR')
45  del refused, refused_agg, data_pre_application
46  #回收内存
47  gc.collect()
```

8.4 探索性数据分析

对于生成的特征大宽表,我们进行探索性数据分析(EDA),主要观察特征的类型、总数量、非重复值数量、最大值、最小值、平均值、标准差、缺失值数量、缺失值占比、异常值数量、异常值占比。通过 EDA,我们对特征进行初筛,去除缺失值占比过高(>0.9)、非重复值数量过少(≤1)以及字符型特征,这些特征不适用于后面用到的任何一个模型。对于一些异常值,通常可以利用 3sigma 原理来判断。本题中由于特征的异常值占比极低,对于后面模型训练影响不大,笔者在本案例中并没有处理异常值。最终生成的 EDA 结果样例如表 8-1 所示。

EDA 的 Python 代码如下:

```
 1  def EDA_series(data):
 2      '''
 3      series的EDA函数
 4      input:
 5      data: series, 原始数据
 6      return:
 7      result: series, 原始数据EDA结果
 8      '''
 9      result = {}
10      result['count'] = len(data)
11      result['missing_count'] = data.isnull().sum()
12      result['missing_rate'] = result['missing_count'] / result['count']
13      result['count_unique'] = len(data.value_counts(normalize=True))
14      data.dropna(inplace=True)
15      if data.dtype=='object':
16          result['type'] = 'categorical'
17      else:
18          result['type'] = 'numeric'
19          result['max'] = data.max()
20          result['min'] = data.min()
21          result['mean'] = data.mean()
22          result['std'] = data.std()
23          zscore = (data-data.mean()) / data.std()
24          result['outlier_count'] = (zscore.abs()>6).sum()
25          result['outlier_rate'] = result['outlier_count'] / result['count']
26      if result['count_unique']<=2:
27          result['type'] = 'binary'
```

表 8-1 EDA 结果样例

	type	count	count_unique	max	min	mean	std	missing_count	missing_rate	outlier_count	outlier_rate
SK_ID_CURR	numeric	307511	307511	456255	100002	278181	102790	0	0	0	0
TARGET	binary	307511	2	1	0	0.0807	0.2724	0	0	0	0
CNT_CHILDREN	numeric	307511	15	19	0	0.4170	0.7221	0	0	126	0.0004
AMT_INCOME_TOTAL	numeric	307511	2548	1.17E+08	25650	168798	237123	0	0	65	0.0002
AMT_CREDIT	numeric	307511	5603	4.05E+06	45000	599026	402491	0	0	32	0.0001

```
28      result = pd.Series(result)
29      return result
30
31  def EDA_df(data):
32      '''
33      dataframe的EDA函数
34      input:
35      data: dataframe, 原始数据
36      return:
37      result: dataframe, 原始数据EDA结果, index为特征名
38      '''
39      result = []
40      for column in data.columns.tolist():
41          tmp = EDA_series(data[column])
42          tmp.name = column
43          result.append(tmp)
44      result = pd.concat(result,axis=1).T
45      columns_result = ['type','count','count_unique','max','min','mean','std','missing_count','missing_rate','outlier_count','outlier_rate']
46      result = result[columns_result]
47      return result
```

8.5　模型训练

本题中，我们采用风控建模中最常用的 3 类算法，逻辑回归、XGBoost、Wide&Deep，分别训练模型，比较不同算法在实际建模流程和模型效果上的差异。

8.5.1　逻辑回归

逻辑回归是风控场景中最经典的算法，通常会用来当作 baseline 的模型效果，并且在建模过程中能够帮助我们更好地理解单个变量的含义和区分能力。由于 LR 是广义的线性模型，变量过多会导致模型系数的不置信，因此相比于其他非线性算法，在确定最终入模变量前 LR 需要做更多变量筛选的工作。LR 的变量筛选主要从稳定性、重要性、相关性和解释性这几个维度入手。本题中由于没有更多跨时段和跨渠道的样本，稳定性暂时没有考虑。

LR 模型中，变量的重要性通过 IV 值来衡量，IV < 0.02 说明单变量区分能力较弱，可以筛选掉。计算 IV 值的前提条件是将每个变量分箱，这里笔者的做法通常是采用等频分箱，这样分割点在各个数据集上都相对稳定。分箱的时候，缺失值单独作为一箱；非重复值数量大于 10 的变量作为连续型变量，利用 10 等分点来划分；非重复值数量小于 10 的变量作为离散型变量，每个离散值对应一箱。分箱之后，计算每个变量的 WOE 和 IV 值，本题中 IV 值排前 10 的变量如表 8-2 所示。

表 8-2 排前 10 变量的 IV 值

变量名	IV 值
EXT_SOURCE_3	0.3295
EXT_SOURCE_2	0.3065
EXT_SOURCE_1	0.1509
PAYMENT_RATE	0.1436
BURO_DAYS_CREDIT_MEAN	0.1227
DAYS_EMPLOYED	0.1112
BURO_CREDIT_ACTIVE_Closed_MEAN	0.0940
BURO_DAYS_CREDIT_UPDATE_MEAN	0.0935
DAYS_EMPLOYED_PERC	0.0903
BURO_CREDIT_ACTIVE_Active_MEAN	0.0845

从表 8-2 中可以看到三个外部评分、收入还款比、贷款申请距今时长、工作时长，这几个变量 IV 值较高，也与我们的经验相符。其中 EXT_SOURCE_3 和 EXT_SOURCE_2 这两个变量 IV > 0.3，后期也可以考虑从模型中抽取出来，单独作为拦截规则。计算 WOE 和 IV 的 Python 代码如下：

```
1  def discretize(data,columns_continous,quantiles):
2      '''
3      等频分箱函数
4      input:
5      data: dataframe, 原始变量数据
6      columns_continous: list, 连续型变量列表
7      quantiles: list, 等频分箱的分位点列表
8      return:
9      data_bin: dataframe, 分箱后的数据，每箱为字符型
```

```
10          '''
11          data_bin = data.copy()
12          columns_cate = [column for column in data_bin.columns if column not in
            columns_continous]
13          for column in columns_continous:
14              X = data_bin[column].copy()
15              for i in range(len(quantiles)-1):
16                  left = X.quantile(quantiles[i])
17                  right = X.quantile(quantiles[i+1])
18                  if i<len(quantiles)-2:
19                      group = '['+str(left)+','+str(right)+')'
20                      data_bin[column].iloc[np.where((X>=left)&(X<right))]=group
21                  if i==len(quantiles)-2:
22                      group = '['+str(left)+','+str(right)+']'
23                      data_bin[column].iloc[np.where((X>=left)&(X<=right))]=group
24              data_bin[column].fillna('nan',inplace=True)
25          for column in columns_cate:
26              data_bin[column] = data_bin[column].astype(str)
27          return data_bin
28  
29  def woe_iv_calc(data_bin,y):
30      '''
31      计算WOE和IV函数
32      input:
33      data_bin: dataframe, 分箱后的数据
34      y: series, 目标变量, 值为0或1
35      return:
36      data_woe: dataframe, WOE映射后的数据
37      map_woe: dict, key为变量名, value为每个箱对应的WOE值
38      map_iv: dict, key为变量名, value为IV值
39      '''
40      data_woe = data_bin.copy()
41      map_woe = {}
42      map_iv = {}
43      for column in data_woe.columns:
44          cross = pd.crosstab(data_woe[column],y)
45          cross[cross==0] = 1 #解决分母为0问题
46          cross = cross/cross.sum(axis=0)
47          woe = np.log(cross[0]/cross[1])
48          iv = ((cross[0]-cross[1])*np.log(cross[0]/cross[1])).sum()
49          map_woe[column] = dict(woe)
50          map_iv[column] = iv
51          data_woe[column] = data_woe[column].map(dict(woe))
```

```
52      return data_woe,map_woe,map_iv
53
54 #调用函数
55 X_columns = data_lr.columns[2:]
56 Y_columns = 'TARGET'
57 columns_continous = eda_stat[eda_stat['count_unique']>10].index.tolist()
58 columns_continous = [column for column in columns_continous if column!='SK_ID_CURR']
59 quantiles = [0.1*i for i in range(11)]
60 data_bin = discretize(data_lr[X_columns],columns_continous,quantiles)
61 data_woe,map_woe,map_iv = woe_iv_calc(data_bin,data_lr[Y_columns])
```

变量的相关性包括单变量之间的相关性和多变量之间的多重共线性，这两类相关性过高都会导致线性模型系数不置信。相关性通常利用皮尔逊相关系数来衡量，如果相关系数大于 0.8 则认为两个变量强相关，保留其中 IV 值较高的一个变量。多重共线性主要通过 VIF 来计算，VIF > 10 说明该变量与其他变量存在线性关系，应该将该变量筛掉。计算相关性和多重共线性的 Python 代码如下：

```
1 import statsmodels.api as sm
2 from statsmodels.stats.outliers_influence import variance_inflation_factor
3
4 #计算相关性
5 data_cor = data_lr[columns_select].corr().abs()
6 data_cor_lower = pd.DataFrame(np.tril(data_cor),index=data_cor.index,columns=data_cor.columns)
7
8 columns_drop = []
9 for column in data_cor_lower:
10     data_cor_select = pd.DataFrame(data_cor_lower.ix[(data_cor_lower[column]>0.8)&(data_cor_lower[column]<1),column])
11     if len(data_cor_select)>0:
12         data_cor_select = pd.DataFrame(data=data_cor_select.columns.tolist()+data_cor_select.index.tolist(),columns=['column_name'])
13         data_cor_select['IV'] = data_cor_select['column_name'].map(map_iv)
14         data_cor_select = data_cor_select.sort_values(by='IV',ascending=False)
15         columns_drop = columns_drop+data_cor_select['column_name'].tolist()[1:]
16
17 columns_select = [column for column in columns_select if column not in columns_drop]
```

```
18 data_lr = data_lr[['SK_ID_CURR','TARGET']+columns_select]
19
20 #计算多重共线性
21 data_vif = data_lr.ix[:,2:].copy()
22 data_vif = sm.add_constant(data_vif)
23 data_vif = data_vif.replace([np.nan,np.inf],-9999)
24
25 vif_select = pd.DataFrame(data=data_vif.columns,columns=['column_name'])
26 vif_select['VIF'] = [variance_inflation_factor(data_vif.values,i) for i in
   range(data_vif.shape[1])]
27
28 columns_select = vif_select.ix[vif_select['VIF']<10,'column_name'].
   tolist()
29 columns_select = [column for column in columns_select if 'const' not in
   column]
30 data_lr = data_lr[['SK_ID_CURR','TARGET']+columns_select]
```

对于 LR 模型的每个变量，我们要求变量内 WOE 分布是单调或者近似单调的，这反映了逾期率在该变量条件下是单调递增或者递减的，保证了较好的可解释性，如图 8-1 所示的两个变量的 WOE 分布。

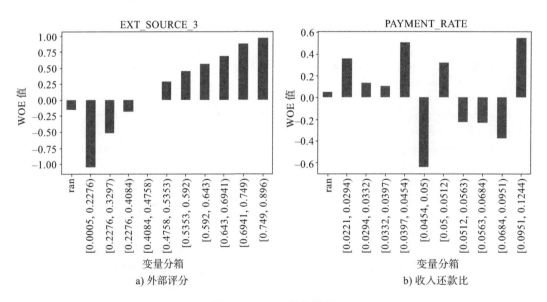

图 8-1　WOE 分布样例

图 8-1 中左图是 IV 值排名第一的某外部评分 EXT_SOURCE_3，横轴是等频划

分的分数区间，纵轴是区间对应的 WOE 值，可以看出 EXT_SOURCE_3 的 WOE 值完全呈现单调性，分数越高 WOE 值越大，也就是区间内的逾期率最低。右图是 IV 值排名第四的收入还款比 PAYMENT_RATE，WOE 值的单调性并不好，中间几个区间的逾期率差异较大，导致变量不可解释，需要进一步的数据分析和人工调整分箱，在本题中笔者暂时将这些 WOE 单调性不好的变量筛除。WOE 分布图的 Python 代码如下：

```
1  def woe_plot(map_woe,close=True,show_last=True):
2      '''
3      WOE值分布图
4      input:
5      map_woe: dict，key为变量名，value为每箱对应的WOE值，建议每箱预先排序方便观察单调性
6      close: bool，是否打印WOE值分布图，默认True
7      show_last: bool，是否只保留最后一个变量的WOE值分布图，默认True
8      return:
9      result: dict，key为变量名，value为每个变量的WOE值分布图
10     '''
11     result={}
12     for i,feature in enumerate(map_woe):
13         data=pd.Series(map_woe[feature])
14         data.index.name=''
15         data.name=''
16         fig=plt.figure()
17         ax=fig.add_subplot(111)
18         data.plot(kind='bar',ax=ax)
19         ax.set_xlabel('变量分箱')
20         ax.set_ylabel('WOE值')
21         ax.set_title('%s' %feature)
22         result[feature]=fig
23         if close and show_last and i<len(map_woe)-1:
24             plt.close('all')
25     return result
```

经过上述的一系列变量选择之后，笔者最终留下 11 个特征进入 LR 模型。将有逾期表现的 30 万申请样本按照 7∶3 随机划分为训练集和测试集，在训练集上调参并训练 LR 模型，在测试集上评估模型的准确性、区分度和稳定性。由于 LR 模型需要调节的超参数主要就是正则化项（penalty）和正则化项系数的倒数（C），因此我们直接利用网格搜索（GridSearch）的方式找到一组最优的超参数组合。在 sklearn

库中提供 GridSearchCV 函数，是将网格搜索（GridSearch）和交叉验证（Cross Validation，CV）相结合。GridSearch 会遍历所有给定的超参数组合，给出验证集上模型指标最优的一组超参数。CV 则是为了防止单独一个验证集的选取可能有偏，考虑将所有训练集数据平均分成 K 份，依次将 K 个数据集作为验证集来调参，一组超参数对应的模型指标其实是 K 个验证集指标的平均值，这样选定的超参数范化能力更强。笔者这里将交叉验证的 K 定为 5，LR 模型调参和训练的 Python 代码如下：

```
1  from sklearn.model_selection import train_test_split,GridSearchCV
2  from sklearn.linear_model import LogisticRegression
3
4  data_lr[columns_select] = data_woe[columns_select]
5  X_columns = data_lr.columns[2:]
6  Y_columns = 'TARGET'
7  X_train,X_test,y_train,y_test = train_test_split(data_lr[X_columns],data_lr[Y_columns],test_size=0.3,random_state=0)
8  tuned_parameters = [{'penalty':['l1','l2'],'C':[0.001,0.01,0.1,1,10]}]
9  clf = GridSearchCV(LogisticRegression(),tuned_parameters,cv=5,scoring='roc_auc')
10 clf.fit(X_train,y_train)
11 clf.best_params_
12 lr = LogisticRegression(penalty='l2',C=0.1)
13 lr_clf = lr.fit(X_train,y_train)
```

8.5.2 XGBoost

本题中，LR 模型的效果不甚理想，主要由于本题中衍生后的特征普遍单变量预测能力较弱，并且独热特征较为稀疏，与预测目标之间的线性关系不强，因此需要尝试复杂的非线性模型。非线性模型首推 XGBoost，既是 Kaggle 比赛的"大杀器"，近几年也在互联网金融的风控领域被广泛使用。

XGBoost 的一大优势就是特征容纳能力强，成百上千的变量都可以直接丢到模型中去训练。但是，在实际项目中我们还是建议进行变量筛选，首先过多的变量会降低模型训练时的效率；其次在模型上线阶段，入模变量过多会加重线上模型维护的负担，应当尽量简化线上模型结构。变量筛选的方式有很多，可以参考 LR 模型从多个维度考虑，笔者通常利用的方法是基于 XGBoost 输出的 feature_importance

对变量重要性排序，根据不同的重要性阈值进行筛选，观察每组变量筛选后模型在验证集或者测试集上的效果，选择保持模型效果且入模特征数量较少的阈值。以本题为例，初始化 XGBoost 超参数并输出 feature_importance，尝试变量重要性阈值从 0.0004 到 0.0032，观察不同入模特征数情况下测试集上的模型效果，最终重要性阈值确定为 0.0024，入模特征 169 个。不同入模特征数情况下测试集效果如表 8-3 所示。

表 8-3 不同入模特征数情况下测试集效果

变量重要性阈值	入模特征数	测试集 AUC
0.0004	374	0.7803
0.0008	364	0.7809
0.0011	354	0.7796
0.0013	344	0.7795
0.0014	334	0.7787
0.0015	324	0.7802
0.0015	314	0.7795
0.0016	304	0.7806
0.0016	294	0.7806
0.0017	284	0.7805
0.0018	274	0.7803
0.0018	264	0.7801
0.0019	254	0.7801
0.0019	244	0.7796
0.002	234	0.7793
0.002	224	0.7801
0.0021	214	0.7802
0.0022	204	0.7804
0.0023	194	0.7807
0.0023	184	0.7802
0.0024	174	0.7803
0.0024	164	0.7808

（续）

变量重要性阈值	入模特征数	测试集 AUC
0.0025	154	0.7799
0.0025	144	0.7802
0.0026	134	0.7799
0.0027	124	0.7800
0.0028	114	0.7792
0.0029	104	0.7794
0.003	94	0.7801
0.0032	84	0.7787

利用 feature_importance 进行变量筛选的 Python 代码如下：

```
1  from xgboost import XGBClassifier
2  import xgboost as xgb
3  from sklearn.feature_selection import SelectFromModel
4  from sklearn.metrics import roc_curve,auc,roc_auc_score
5
6  X_columns = data_xgb.columns[2:]
7  Y_columns = ['TARGET']
8  X_train,X_test,y_train,y_test = train_test_split(data_xgb[X_columns],data_
   xgb[Y_columns],test_size=0.3,random_state=0)
9  X_matrix_train = X_train.as_matrix(columns=None)
10 Y_matrix_train = y_train.as_matrix(columns=None)
11 X_matrix_test = X_test.as_matrix(columns=None)
12 Y_matrix_test = y_test.as_matrix(columns=None)
13 xgb_clf = XGBClassifier(learning_rate=0.1,n_estimators=100,max_
   depth=5,min_child_weight=10,subsample=0.8,colsample_bytree=0.8,objective='
   binary:logistic',seed=0,n_jobs=-1)
14
15 print(datetime.now())
16 xgb_clf.fit(X_matrix_train,Y_matrix_train,eval_metric='auc')
17 y_pred = xgb_clf.predict_proba(X_matrix_test)[:,1]
18 fpr,tpr,threshold = roc_curve(Y_matrix_test,y_pred)
19 roc_auc = auc(fpr,tpr)
20 print('test auc: %f' %roc_auc)
21 print(datetime.now())
22 threshold = np.sort(xgb_clf.feature_importances_)
23
```

```
24  print(datetime.now())
25  for thresh in threshold[400:700:10]:
26      selection = SelectFromModel(xgb_clf, threshold=thresh, prefit=True)
27      X_train_selection = selection.transform(X_matrix_train)
28      selection_model = XGBClassifier(learning_rate=0.1,n_estimators=100,
            max_depth=5,min_child_weight=10,subsample=0.8,colsample_bytree=0.8,
            objective='binary:logistic',seed=0,n_jobs=-1)
29      selection_model.fit(X_train_selection,Y_matrix_train,eval_metric='auc')
30      X_test_selection = selection.transform(X_matrix_test)
31      y_pred = selection_model.predict_proba(X_test_selection)[:,1]
32      fpr,tpr,threshold = roc_curve(Y_matrix_test,y_pred)
33      roc_auc = auc(fpr,tpr)
34      print('thresh=%.4f, n=%d, test auc: %f' % (thresh,X_train_selection.
            shape[1],roc_auc))
35  print(datetime.now())
```

确定最终入模特征，就进入了模型调参和训练的环节，XGBoost 调参可以沿用 LR 模型 GridSearchCV 的方法，也可以利用贝叶斯优化的思想。贝叶斯优化的优点在于，每次调参都会考虑上一组超参数的信息，迭代次数少，调参效率更高；同时针对非凸的损失函数，贝叶斯优化也不容易陷入局部最优，能够得到全局最优的超参数组合。在 Python 中有调参工具 hyperopt 已经实现了类似的思想，笔者在本题中迭代了 20 次，得到最优超参数组合，如表 8-4 所示。

表 8-4 XGBoost 最优超参数组合

超参数	最优组合
max_depth	5
n_estimators	1066
learning_rate	0.03
min_child_weight	54
subsample	0.7
colsample_bytree	0.6
objective	binary:logistic
silent	True
alpha	2.92
lambda	1.41
seed	0

利用 hyperopt 对 XGBoost 模型调参的 Python 代码如下：

```
1  from hyperopt import fmin,tpe,hp,partial
2
3  X_columns = data_xgb.columns[2:]
4  Y_columns = ['TARGET']
5  X_train,X_test,y_train,y_test = train_test_split(data_xgb[X_columns],data_xgb[Y_columns],test_size=0.3,random_state=0)
6  X_matrix_train = X_train.as_matrix(columns=None)
7  Y_matrix_train = y_train.as_matrix(columns=None)
8  X_matrix_test = X_test.as_matrix(columns=None)
9  Y_matrix_test = y_test.as_matrix(columns=None)
10 eval_set = [(X_matrix_train,Y_matrix_train),(X_matrix_test,Y_matrix_test)]
11
12 #定义超参数空间
13 space = {'max_depth': hp.randint('max_depth',2),
14          'n_estimators': hp.randint('n_estimators',1500),
15          'learning_rate': hp.randint('learning_rate',50),
16          'min_child_weight': hp.randint('min_child_weight',100),
17          'subsample': hp.randint('subsample',5),
18          'colsample_bytree': hp.randint('colsample_bytree',5),
19          'alpha': hp.randint('alpha',1000),
20          'lambda': hp.randint('lambda',1000),
21         }
22 def argsDict_transform(argsDict, isPrint=False):
23     argsDict['max_depth'] = argsDict['max_depth'] + 4
24     argsDict['n_estimators'] = argsDict['n_estimators'] + 500
25     argsDict['learning_rate'] = argsDict['learning_rate'] * 0.01 + 0.01
26     argsDict['min_child_weight'] = argsDict['min_child_weight'] + 1
27     argsDict['subsample'] = argsDict['subsample'] * 0.1 + 0.5
28     argsDict['colsample_bytree'] = argsDict['colsample_bytree'] * 0.1 + 0.5
29     argsDict['alpha'] = argsDict['alpha'] * 0.01
30     argsDict['lambda'] = argsDict['lambda'] * 0.01
31     if isPrint:
32         print(argsDict)
33     else:
34         pass
35     return argsDict
36
37 #定义metric
38 def auc_neg(y_pred, dtrain):
39     y_true = dtrain.get_label()
40     fpr,tpr,thresholds = roc_curve(y_true,y_pred)
```

```
41       auc_neg = -auc(fpr,tpr)
42       return 'auc_neg', auc_neg
43
44  #定义训练过程
45  def xgboost_factory(argsDict):
46       argsDict = argsDict_transform(argsDict)
47       params = {'max_depth': argsDict['max_depth'],
48                 'n_estimators': argsDict['n_estimators'],
49                 'learning_rate': argsDict['learning_rate'],
50                 'min_child_weight': argsDict['min_child_weight'],
51                 'subsample': argsDict['subsample'],
52                 'colsample_bytree': argsDict['colsample_bytree'],
53                 'objective': 'binary:logistic',
54                 'silent': True,
55                 'alpha': argsDict['alpha'],
56                 'lambda': argsDict['lambda'],
57                 'seed': 0
58                 }
59       xgb_clf = XGBClassifier(**params)
60       xgb_clf = xgb_clf.fit(X_matrix_train,Y_matrix_train,eval_set=eval_set,eval_metric=auc_neg,early_stopping_rounds=100,verbose=10)
61       return get_transformer_score(xgb_clf)
62
63  def get_transformer_score(transformer):
64       xgb_clf = transformer
65       y_pred = xgb_clf.predict_proba(X_matrix_test,ntree_limit=xgb_clf.best_ntree_limit)[:,1]
66       fpr,tpr,threshold = roc_curve(Y_matrix_test,y_pred)
67       return -auc(fpr,tpr)
68
69  #搜索最优超参数组合
70  algo = partial(tpe.suggest, n_startup_jobs=1)
71  best = fmin(xgboost_factory, space, algo=algo, max_evals=20, pass_expr_memo_ctrl=None)
72  argsDict = argsDict_transform(best)
73  params = {'max_depth': argsDict['max_depth'],
74            'n_estimators': argsDict['n_estimators'],
75            'learning_rate': argsDict['learning_rate'],
76            'min_child_weight': argsDict['min_child_weight'],
77            'subsample': argsDict['subsample'],
78            'colsample_bytree': argsDict['colsample_bytree'],
79            'objective': 'binary:logistic',
80            'silent': True,
```

```
81                  'alpha': argsDict['alpha'],
82                  'lambda': argsDict['lambda'],
83                  'seed': 0
84              }
85
86  #加入早停条件
87  xgb_clf = XGBClassifier(**params)
88  xgb_clf = xgb_clf.fit(X_matrix_train,Y_matrix_train,eval_set=eval_
    set,eval_metric=auc_neg,early_stopping_rounds=100,verbose=10)
```

将最优的一组超参数代入 XGBoost 模型中训练，并且加入了早停的条件，观察训练集和测试集上评估指标的学习曲线，最终训练集和测试集 AUC 的差在 5% 以内，模型没有发生过拟合的现象。训练集和测试集的学习曲线如图 8-2 所示。

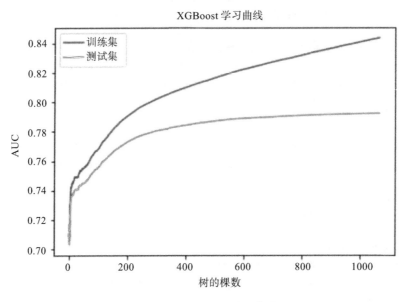

图 8-2　XGBoost 学习曲线

利用 SHAP 值进行 XGBoost 模型白盒化，解释入模特征对于目标的贡献度和贡献方向。以 SHAP 值排名第一的某外部评分 EXT_SOURCE_2 为例，深色样本多集中在 SHAP=0 的纵轴左侧，说明 EXT_SOURCE_2 越大对于逾期目标的负向贡献越大，也就是正常用户越多，与我们的经验相符。本题中 SHAP 值排名前 20 的散点图和柱形图如图 8-3 和图 8-4 所示。

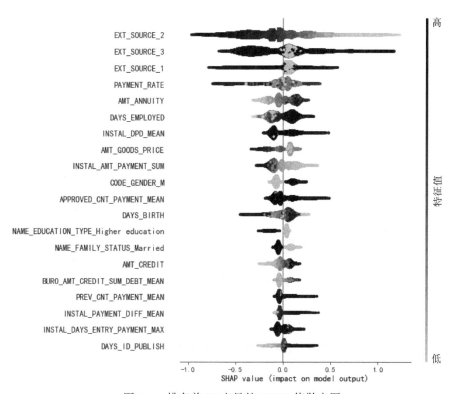

图 8-3 排名前 20 变量的 SHAP 值散点图

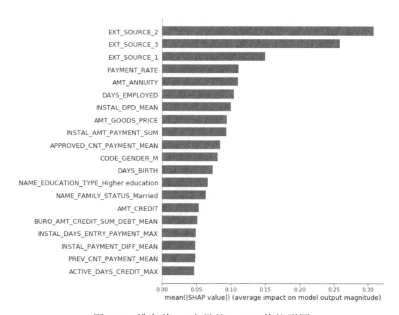

图 8-4 排名前 20 变量的 SHAP 值柱形图

计算入模特征 SHAP 值以及可视化的 Python 代码如下：

```
1  import shap
2
3  explainer = shap.TreeExplainer(xgb_clf)
4  shap_values = explainer.shap_values(data_train[X_columns])
5  shap.summary_plot(shap_values,data_train[X_columns])
6  shap.summary_plot(shap_values,data_train[X_columns],plot_type='bar')
```

8.5.3 Wide&Deep

最后，笔者也尝试了 Wide&Deep 的深度模型结构，虽然从后面的模型效果上来看不如 XGBoost，但是 Wide&Deep 模型的提升空间很大，有兴趣的读者可以在笔者代码的基础上进一步优化，探寻 Wide&Deep 模型在本题中的边界。

训练 Wide&Deep 这类深度模型，第一项工作是要对特征进行标准化处理，主要作用是去除不同特征之间量纲的差异，同时加速网络的收敛速度。将标准化之后的大宽表划分为 deep 部分和 wide 部分，其中 deep 部分都是独热特征，主要是利用深层网络的特性对稀疏矩阵进行压缩，从而提炼出其中的隐含信息；wide 部分则是非独热的其他特征，通过浅层网络保持原始信息。

开始搭建 Wide&Deep 的网络结构，根据 wide 和 deep 两部分的特征维度，wide 部分选用 128 个节点的单层网络，激活函数为 relu；deep 部分选用 128 和 64 个节点的双层网络，激活函数为 relu。同时，为了避免模型过拟合，加入正则化项、BatchNormalization 和 Dropout。最终 Wide&Deep 的网络结构如图 8-5 所示。

在训练 Wide&Deep 模型的时候，利用 Adam 优化器进行梯度下降，batch_size 为 2048，迭代次数 epoch 为 200。为了避免模型过拟合，加入了早停的条件，并且利用 Keras 中 checkpoint 回调函数，将迭代过程中 AUC 最大的模型权重保存下来。搭建和训练 Wide&Deep 模型的 Python 代码如下：

```
1  from sklearn import preprocessing
2  import tensorflow as tf
3  Input = tf.keras.layers.Input
```

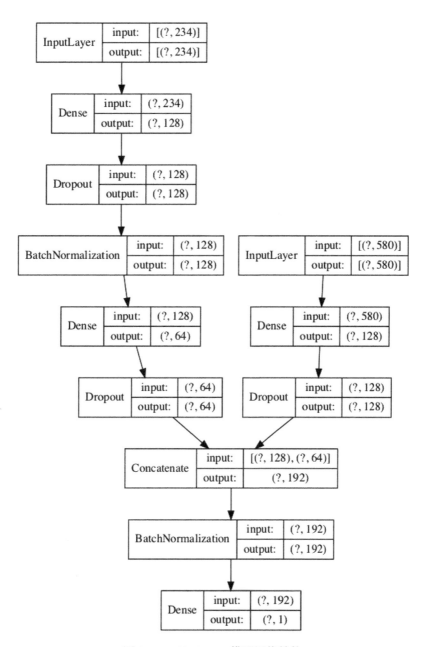

图 8-5 Wide&Deep 模型网络结构

```
 4 Dense = tf.keras.layers.Dense
 5 initializers = tf.initializers
 6 regularizers = tf.keras.regularizers
 7 optimizers = tf.keras.optimizers
 8 Model = tf.keras.models.Model
 9 Dropout = tf.keras.layers.Dropout
10 BatchNormalization = tf.keras.layers.BatchNormalization
11 layers = tf.keras.layers
12 EarlyStopping = tf.keras.callbacks.EarlyStopping
13 ModelCheckpoint = tf.keras.callbacks.ModelCheckpoint
14 plot_model = tf.keras.utils.plot_model
15
16 #划分wide和deep特征
17 X_columns = data_wd.columns[2:]
18 Y_columns = 'TARGET'
19 columns_wide = eda_stat[eda_stat['count_unique']>2].index.tolist()[1:]
20 columns_deep = eda_stat[eda_stat['count_unique']<=2].index.tolist()[1:]
21
22 #标准化处理
23 scaler = preprocessing.StandardScaler()
24 data_wd[X_columns] = scaler.fit_transform(data_wd[X_columns])
25 X_train,X_test,y_train,y_test = train_test_split(data_wd[X_columns],data_wd[Y_columns],test_size=0.3,random_state=0)
26
27 #自定义metric
28 def auroc(y_true,y_pred):
29     return tf.numpy_function(roc_auc_score, (y_true,y_pred), tf.double)
30
31 #wide部分
32 wide_input = Input(shape=(580,),name='wide_input')
33 wide_output = Dense(128,activation='relu',
34                    kernel_initializer=initializers.RandomNormal(mean=0.0,stddev=0.05,seed=0),
35                    bias_initializer=initializers.Constant(value=0),
36                    kernel_regularizer=regularizers.l1_l2(l1=0.01,l2=0))(wide_input)
37 wide_output = Dropout(0.3)(wide_output)
38 wide_model = Model(inputs=[wide_input],outputs=wide_output)
39
40 #deep部分
41 deep_input = Input(shape=(234,),name='deep_input')
42 deep_output = Dense(128,activation='relu',
43                    kernel_initializer=initializers.RandomNormal(mean=0.0,
```

```
                           stddev=0.05,seed=0),
44                         bias_initializer=initializers.Constant(value=0),
45                         kernel_regularizer=regularizers.l1_l2(l1=0.01,l2=0))
                           (deep_input)
46 deep_output = Dropout(0.3)(deep_output)
47 deep_output = BatchNormalization()(deep_output)
48 deep_output = Dense(64,activation='relu',
49                         kernel_initializer=initializers.RandomNormal(mean=0.0,
                           stddev=0.05,seed=0),
50                         bias_initializer=initializers.Constant(value=0),
51                         kernel_regularizer=regularizers.l1_l2(l1=0.01,l2=0))
                           (deep_output)
52 deep_output = Dropout(0.3)(deep_output)
53 deep_model = Model(inputs=[deep_input],outputs=deep_output)
54
55 #合并wide和deep部分
56 combine_input = layers.concatenate([wide_model.output,deep_model.
   output],name='combine_input')
57 combine_input = BatchNormalization()(combine_input)
58 combine_output = Dense(1,activation='sigmoid',
59                         kernel_initializer=initializers.RandomNormal(mean=0.0,
                           stddev=0.05,seed=0),
60                         bias_initializer=initializers.Constant(value=0),
61                         kernel_regularizer=regularizers.l1_l2(l1=0.01,l2=0),
                           name='widedeep_output')(combine_input)
62 combine_model = Model(inputs=wide_model.inputs+deep_model.inputs,outputs=
   combine_output)
63
64 #训练模型
65 adam = optimizers.Adam(lr=0.0001)
66 combine_model.compile(optimizer=adam,loss='binary_crossentropy',
   metrics=[auroc])
67
68 early_stopping = EarlyStopping(monitor='val_auroc',patience=20,verbose=2,
   mode='max')
69 time_save = time.strftime('%Y%m%d%H%M',time.localtime())
70 filepath_save = '/Users/caizhuxi/Desktop/home-credit-default-risk/model_
   wd_'+time_save+'.h5'
71 checkpoint = ModelCheckpoint(filepath_save,monitor='val_auroc',verbose=1,
   save_best_only=True,mode='max',period=1)
72 history = combine_model.fit([X_train[columns_wide]]+[X_train[columns_
   deep]],y_train,
73                             batch_size=2048,epochs=200,
```

```
74                    validation_data=([X_test[columns_wide]]+[X_
                      test[columns_deep]],y_test),
75                    shuffle=True,callbacks=[early_stopping,
                      checkpoint]
76                    )
```

观察训练集和测试集的学习曲线，有一定波动但是最终趋于收敛，说明我们的模型权重已经基本迭代完成，学习曲线如图 8-6 所示。

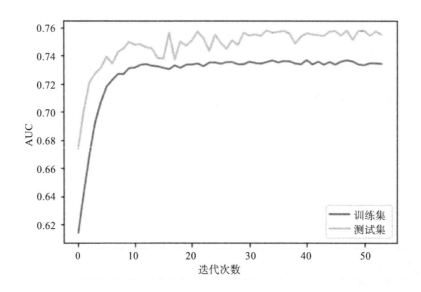

图 8-6 Wide&Deep 学习曲线

8.6 模型评估

我们在相同的训练集和测试集上，评估 LR、XGBoost、Wide&Deep 三个模型的准确性（AUC）和区分度（KS），以及训练集与测试集之间的稳定性（PSI），汇总如表 8-5 所示。

测试集上 3 个模型的 ROC 曲线如图 8-7 所示。

表 8-5　LR、XGBoost、Wide&Deep 模型效果对比

评估指标	LR	XGBoost	Wide&Deep
训练集 AUC	0.7303	0.8429	0.7481
测试集 AUC	0.7316	0.7922	0.7500
训练集 KS	0.3426	0.5286	0.3704
测试集 KS	0.3433	0.4433	0.3724
训练集 VS 测试集 PSI	0.000193	0.000145	0.000054

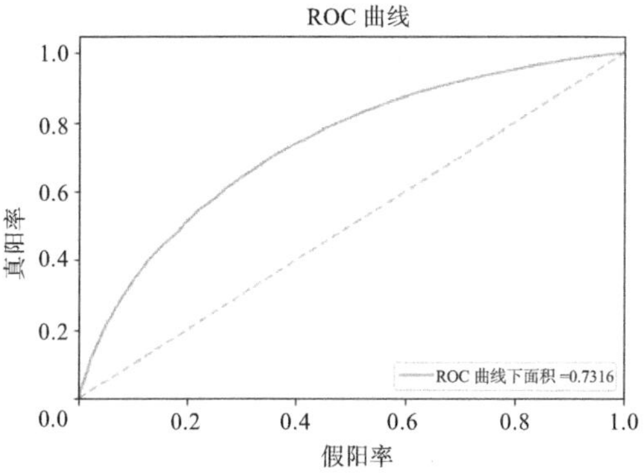

a) LR 模型 ROC 曲线和 AUC

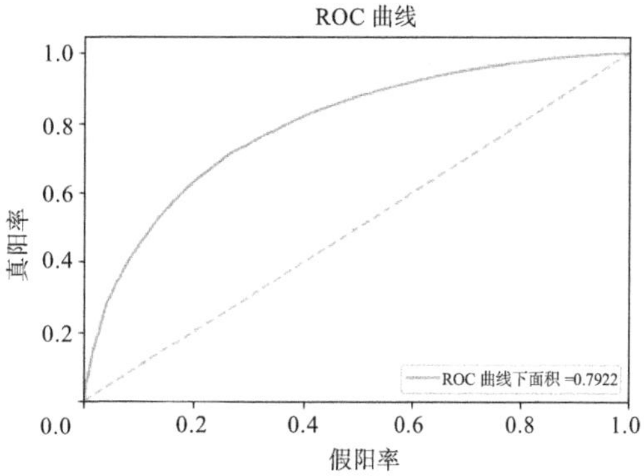

b) XGBoost 模型 ROC 曲线和 AUC

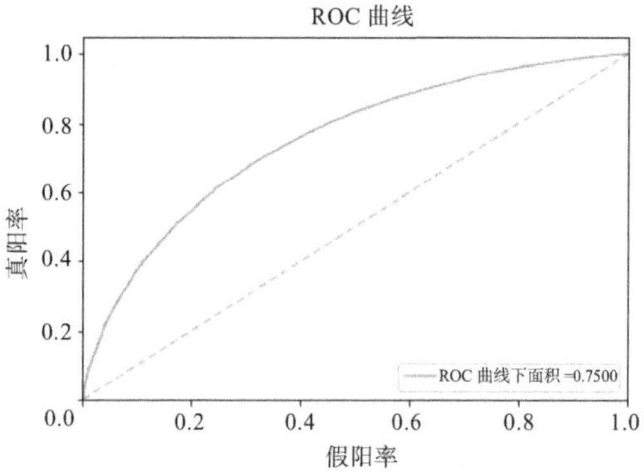

c) Wide&Deep 模型 ROC 曲线和 AUC

图 8-7　LR、XGBoost、Wide&Deep 模型 ROC 曲线和 AUC

测试集上三个模型的好坏样本 CDF 曲线如图 8-8 所示。

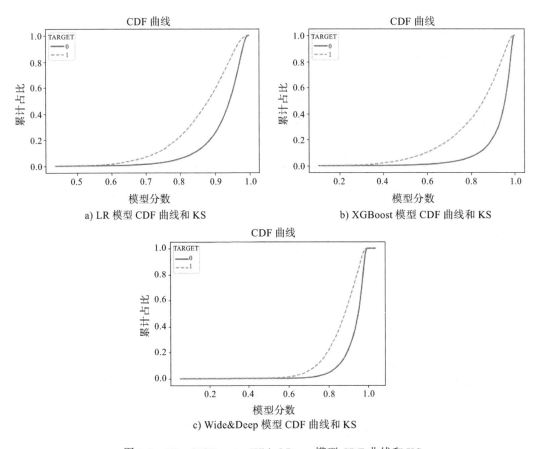

图 8-8　LR、XGBoost、Wide&Deep 模型 CDF 曲线和 KS

从表 8-5 来看，三个模型都具有比较好的稳定性，PSI<<0.1，没有出现明显的过拟合现象。效果最好的 XGBoost 模型相比于基线的 LR 模型，测试集 AUC 绝对提升了 6 个点，AUC=0.7922 已经比较接近 Kaggle 上排名靠前的队伍的成绩，说明 XGBoost 结构确实能够比较显著地提升数据的预测能力。Wide&Deep 模型相比基线的 LR 模型，测试集 AUC 绝对提升了 2 个点，说明 deep 部分的深度结构一定程度上提炼了独热特征的信息，比单纯的线性模型有提升，有兴趣的读者还可以继续尝试更多的超参数组合。计算 AUC、KS、PSI 的 Python 代码如下：

```
1  def auc_calc(data,score_col,class_col):
2      '''
3      计算AUC值，并输出ROC曲线
```

```
 4      input:
 5      data: dataframe, 包括预测prob和真实label
 6      score_col: list, 预测prob, 一般为0-1之间的概率
 7      class_col: list, 真实label, 一般为0或1
 8      return:
 9      auc_dict: dict, 键值关系为{'auc': AUC值, 'auc_fig': ROC曲线}
10      '''
11      auc_dict = {}
12      fpr,tpr,threshold = roc_curve((1-data[class_col[0]]).ravel(),
         data[score_col[0]].ravel())
13      roc_auc = auc(fpr,tpr)
14      fig = plt.figure()
15      plt.plot(fpr,tpr,color='b',label='ROC曲线下面积=%0.4f'%roc_auc,alpha=0.3)
16      plt.plot([0,1],[0,1],color='r',linestyle='--',alpha=0.3)
17      plt.xlim([0.0,1.0])
18      plt.ylim([0.0,1.05])
19      plt.xlabel('假阳率')
20      plt.ylabel('真阳率')
21      plt.title('ROC曲线')
22      plt.legend(loc='lower right')
23      plt.close()
24      auc_dict['auc'] = roc_auc
25      auc_dict['auc_fig'] = fig
26      return auc_dict
27
28 def ks_calc(data,score_col,class_col):
29      '''
30      计算KS值, 并输出对应分割点和累计分布函数曲线图
31      input:
32      data: dataframe, 包括预测prob和真实label
33      score_col: list, 预测prob, 一般为0-1之间的概率
34      class_col: list, 真实label, 一般为0或1
35      return:
36      ks_dict: dict, 键值关系为{'ks': KS值, 'split': KS值对应节点, 'fig': 累计分
         布函数曲线图}
37      '''
38      ks_dict = {}
39      Bad = data.loc[data[class_col[0]]==1,score_col[0]]
40      Good = data.loc[data[class_col[0]]==0, score_col[0]]
41      ks,pvalue = stats.ks_2samp(Bad.values,Good.values)
42      crossfreq = pd.crosstab(data[score_col[0]],data[class_col[0]])
43      crossdens = crossfreq.cumsum(axis=0) / crossfreq.sum()
44      crossdens['gap'] = abs(crossdens[0] - crossdens[1])
```

```
45          score_split = crossdens[crossdens['gap'] == crossdens['gap'].max()].
            index[0]
46          fig = plt.figure()
47          ax = fig.add_subplot(111)
48          crossdens[[0]].plot(kind='line',ax=ax)
49          crossdens[[1]].plot(kind='line',style='--',ax=ax)
50          ax.set_xlabel('模型分数')
51          ax.set_ylabel('累计占比')
52          ax.set_title('CDF曲线')
53          plt.close()
54          ks_dict['ks'] = ks
55          ks_dict['split'] = score_split
56          ks_dict['ks_fig'] = fig
57          return ks_dict
58
59      def psi_calc(actual,predict,bins=10):
60          '''
61          计算PSI值,并输出实际和预测占比分布曲线
62          input:
63          actual: series, 实际值
64          predict: series, 预测值
65          bins: int, 等频分箱的个数
66          return:
67          psi_dict: dict, 键值关系为{'psi': PSI值, 'psi_fig': 实际和预期占比分布曲线}
68          '''
69          psi_dict = {}
70          psi_cut = []
71          actual_bins = []
72          predict_bins = []
73          actual_len = len(actual)
74          predict_len = len(predict)
75          if actual.isnull().any() == True:
76              bins = bins-1
77              actual_cnt = actual.isna().sum()
78              predict_cnt = predict.isna().sum()
79              actual_pct = (actual_cnt+0.0) / actual_len
80              predict_pct = (predict_cnt+0.0) / predict_len
81              psi = (predict_pct-actual_pct) * math.log((predict_
                pct+0.00000001)/actual_pct)
82              psi_cut.append(psi)
83              actual_bins.append(actual_pct)
84              predict_bins.append(predict_pct)
85          if len(actual)>0:
```

```
86          actual_values = actual.value_counts()
87          if (len(actual_values)<bins):
88              cuts = actual_values.index.values.tolist()
89          else:
90              out,bin_cut = pd.qcut(actual,bins,retbins=True,duplicates='drop')
91              cuts = bin_cut.tolist()[1:-1]
92          bins_after = len(cuts)+1
93          for i in range(1,(bins_after+1)):
94              if i==1:
95                  lowercut = -np.inf
96                  uppercut = cuts[i-1]
97              elif i==bins_after:
98                  lowercut = cuts[i-2]
99                  uppercut = np.inf
100             else:
101                 lowercut = cuts[i-2]
102                 uppercut = cuts[i-1]
103             actual_cnt = ((actual>=lowercut) & (actual<uppercut)).sum()+1
104             predict_cnt = ((predict>=lowercut) & (predict<uppercut)).sum()+1
105             actual_pct = (actual_cnt+0.0) / actual_len
106             predict_pct = (predict_cnt+0.0) / predict_len
107             psi = (predict_pct-actual_pct) * math.log((predict_pct+0.00000001)/actual_pct)
108             psi_cut.append(psi)
109             actual_bins.append(actual_pct)
110             predict_bins.append(predict_pct)
111     psi = sum(psi_cut)
112     nbins = len(actual_bins)
113     xlab = np.arange(1, nbins+1)
114     fig = plt.figure()
115     plt.plot(xlab, np.array(actual_bins),'r',label='actual')
116     plt.plot(xlab, np.array(predict_bins),'b',label='predict')
117     plt.legend(loc='best')
118     plt.title('PSI曲线')
119     plt.close()
120     psi_dict['psi'] = psi
121     psi_dict['psi_fig'] = fig
122     return psi_dict
```

8.7 模型应用

训练好的模型输出的是 [0,1] 区间内的概率，这不利于业务人员直接使用，因此需要通过分数映射将概率转化为 [0,1000] 区间内的分数，方便设定阈值来拦截。这里以本题中训练的 XGBoost 模型为例，给大家介绍如何实现分数映射和制定风控策略。

分数映射沿用评分卡模型中的尺度技术，好处是能够使相邻分数间隔内的好坏比（Odds）加倍，实现风险的差异化管理。本题中我们希望基准分（Base Score）为 600，基准好坏比（Base Odds）为 10，分数间隔（Point of Double Odds，PDO）为 20，代入映射公式得到：

$$\text{Score} = (20/\ln 2) * \ln(p/1-p) + 533.6 \qquad (8-1)$$

其中 p 为模型预测为好人的概率。

将 XGBoost 模型在测试集上的预测结果映射到 [0,1000] 区间内，以每 20 分作为区间长度，观察每个区间内的样本总数、样本占比和逾期率，如表 8-6 所示。

表 8-6 XGBoost 模型分数分布

分数区间	好样本	坏样本	样本总数	样本占比	逾期率
(460, 480]	0	3	3	0.00%	100.00%
(480, 500]	7	16	23	0.02%	69.57%
(500, 520]	77	120	197	0.21%	60.91%
(520, 540]	496	441	937	1.02%	47.07%
(540, 560]	2010	1066	3076	3.33%	34.66%
(560, 580]	5980	1645	7625	8.27%	21.57%
(580, 600]	12762	1761	14523	15.74%	12.13%
(600, 620]	19519	1299	20818	22.57%	6.24%
(620, 640]	21328	701	22029	23.88%	3.18%
(640, 660]	15221	215	15436	16.73%	1.39%
(660, 680]	6080	64	6144	6.66%	1.04%

(续)

分数区间	好样本	坏样本	样本总数	样本占比	逾期率
(680, 700]	1298	8	1306	1.42%	0.61%
(700, 720]	128	0	128	0.14%	0.00%
(720, 740]	8	1	9	0.01%	11.11%

观察表 8-6 我们发现，分数 560 以下的客群区间逾期率超过 30%，考虑到测试集整体逾期率为 8%，这些客群的风险已经是大盘风险的 3 倍以上，属于高风险客群，建议直接拒绝，拒绝率为 5%；分数 640 分以上的客群区间逾期率普遍小于 2%，属于低风险客群，可以直接核准，核准率为 25%；剩余 70% 的中风险客群则需要更多特征来制定组合规则，进一步筛选出其中的优质客户。

8.8 案例优化

我们基于 Kaggle 上这道经典的信贷风控问题，介绍了笔者在实际项目中的建模流程和 Python 代码。有兴趣动手尝试的读者还可以在以下这些方面进一步做出优化改进。

（1）特征优化

特征层面的优化对于模型效果来说总是最直接有效的，本题在如下几个方向上可以进行更多的特征衍生。对于字符型的原始数据，上述案例中采用独热的方式生成大量 0-1 特征，这其中忽略了原始数据对于贷后风险的排序能力，可以考虑将这些字段进行有序的编码化处理。原始数据中包含了客户月维度贷款和消费数据，可以尝试构造更多时间周期类的特征，或者利用时间序列和 RNN 模型自动抽取时间维度上的信息。目前案例中交叉特征较少，可以批量构建两两特征的交叉项，输入 Wide&Deep 模型，观察交叉项对于模型效果的提升。

（2）算法优化

衍生出更多显性特征和隐性特征之后，对于 Wide&Deep 的结构和超参数就有了其他选择，可以在 deep 部分加入隐藏层，或者尝试更多优化器求解。除去单一的模型结构，还可以尝试多个子模型 Ensemble 的方式，发挥不同算法的优势。Kaggle 上本题排名靠前的几支队伍也都采用了 Ensemble 的思路，构建了上百个子模型再集成到一起。本题中 EXT_SOURCE_3 和 EXT_SOURCE_2 这两个特征单变量区分度较高，可以考虑将这两个特征单独拿出来做组合策略，与现有单一模型策略比较最终逾期率和核准率指标。

（3）数据优化

本题中由于原有的测试集没有给出逾期标签，无法离线评估模型在测试集上的效果，因此笔者在编写案例的时候，将原训练集的 30% 作为新的测试集来评估模型的指标。在实际项目中，仅仅利用训练集样本显然是不够的，需要更多跨时段的测试集反复验证特征和模型的稳定性。

8.9 本章小结

本章基于 Kaggle 社区上的公开数据集，构建了个人信贷风控建模案例，旨在帮助读者更好地掌握本书第 3～6 章介绍的方法论内容。本章中的案例是典型的分类问题，在特征工程和探索性数据分析之后，尝试使用逻辑回归、XGBoost 和 Wide&Deep 3 种算法分别建模。逻辑回归模型需要从稳定性、重要性、相关性和解释性这 4 个维度对特征进行筛选，防止特征过多导致模型系数不置信的问题。XGBoost 模型通过重要性阈值搜索，确定最合适的入模特征数，在不降低模型效果的前提下提升模型训练效率；利用贝叶斯优化和早停确定最优的超参数组合，并且通过 SHAP 值解释特征的贡献度。Wide&Deep 模型中，将独热特征放到 deep 结构，其余特征保留在 wide 结构，虽然模型效果不如 XGBoost，但是后期提升空间较大。下一章我们将介绍两个企业信贷风控案例，帮助大家比较 C 端和 B 端风控的差异性。

第 9 章

企业信贷风控案例

第 7 章和第 8 章的案例主要聚焦在个人用户的反欺诈和风控，本章我们来聊一聊智能模型在企业风控场景下的运用。相较于个人贷款，小微企业贷款通常金额较大，且企业的抗风险能力与垂直行业和宏观环境的经济情况密切相关，因此传统的企业授信完全依赖于业务专家的主观判断。在大数据时代，金融机构可以通过搜集企业和企业主的相关信息，搭建小微企业评级模型，实现定性＋定量的授信模式，尽量减少人的主观因素。下面从笔者参与过的两个小微企业信贷风控项目，来看一看数据和模型在实战中的应用。

9.1 银行 POS 贷

9.1.1 案例背景

在移动支付大规模普及之前，POS 机是商户收款的主要方式，银行通过掌握本行发行 POS 机的交易流水，便能够了解到商户的经营状况，从而给出一定的授信额度。某城商行有 2 万个 POS 机签约商户，希望从中筛选出白名单商户开展 POS 贷业务，并给出风险评估和建议额度。

9.1.2 原始数据介绍

本项目主要依赖于商户和商户主的行内外数据，这些数据散落在银行内核心、前置、信贷和外部数据服务四个系统内，这里简单介绍下这四个系统的区别。核心系统是银行传统业务集中处理的地方，主要包括客户信息管理、负债业务、资产业务、支付业务等，是一个单独的、可运行的交易系统。前置系统连接了银行前后台，主要负责报文的传输和通讯协议的转换，没有处理业务交易的功能，本项目中商户的 POS 流水数据存储在前置系统中。信贷系统是行内专门负责贷款业务审批（某些银行的信贷系统也具备会计核算功能）的系统，本项目中商户和商户主的行内信贷数据和征信报告都存储在信贷系统中。外部数据服务是行内与外部数据厂商交互的地方，考虑到安全问题通常与行内其他系统相隔离，本项目中主要利用了商户工商信息和商户主被执行信息这两个外部数据源。

表 9-1 展示了 POS 贷项目用到的所有行内外数据。

表 9-1 POS 贷原始数据

系统名	表名
核心系统	商户基本信息
	商户主基本信息
	商户储蓄账户
	商户主储蓄账户
前置系统	POS 流水
信贷系统	信贷企业基本信息
	信贷个人基本信息
	企业贷款信息
	企业担保合同/担保物信息
	个人担保合同/担保物/保证成员信息
	个人征信报告
外部数据服务	商户工商信息
	商户主被执行信息

9.1.3 特征工程

由于行内数据横跨多个系统，为了保证后期线上模型更新的时效性和稳定性，需要搭建专门的数据集市层来汇总和衍生 POS 贷模型所需要的底层特征。一期 POS 贷模型包括白名单模型、风险规则库、风险模型、额度模型，它们的三级指标体系如图 9-1 所示，共有 938 个明细指标。

观察图 9-1，对于商户的 POS 贷模型可以从七大维度来衡量。其中商户主的地区和行业信息是额度模型中的重要系数，商户主的年龄是 POS 贷的准入条件；商户/商户主的行内资产，包括企业账户的活期定期、个人账户的活期定期理财，都反映了商户主的还款能力，是风险模型和额度模型的重要特征；商户/商户主的还款历史，主要反映了商户主的还款意愿，是银行信贷风控模型最核心的数据，在风险规则库、风险模型和额度模型中，都占了极大的比重；POS 数据是 POS 贷模型中的特色数据，本项目中的白名单模型主要就是考虑了商户近 1 年交易金额、交易笔数和交易频率三方面的稳定性。

9.1.4 模型训练

一期 POS 贷模型包括白名单模型、风险模型、额度模型这三个子模型。由于行内并没有 POS 机签约商户的历史贷款表现，因此这是一个典型的冷启动问题，项目组主要通过数据和模型的方式筛选出重要指标并且分箱，由行内业务专家通过 Delphi 法给各个指标分箱赋上权重。待一期 POS 贷业务正式上线并且积累一定贷后表现数据，再利用有监督模型来优化。

在 POS 贷项目中，白名单模型的主要目的是筛选出近 1 年经营状况较稳定的商户进行贷前营销，在这个环节商户主还没有授权查询征信报告，银行对于商户和商户主的资产和负债情况也没有硬性要求。因此这里的白名单模型只考虑商户近 1 年 POS 月交易金额平均值、月交易金额标准差、月交易笔数平均值、月交易笔数标准差、月交易时间间隔平均值、月交易时间间隔标准差这 6 个指标，对应的权重如表 9-2 所示。

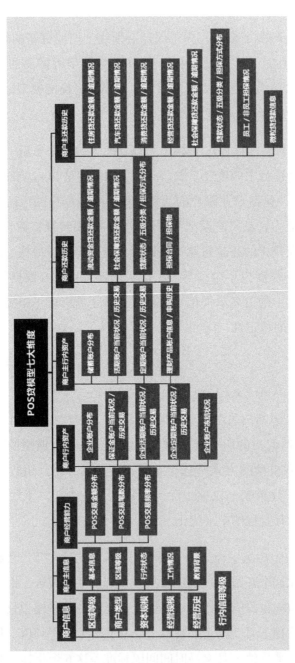

图 9-1 POS 贷模型指标体系

表 9-2　POS 贷白名单模型指标权重

指　　标	指标权重
月交易金额平均值	25
月交易金额标准差	10
月交易笔数平均值	25
月交易笔数标准差	10
月交易时间间隔平均值	20
月交易时间间隔标准差	10
合　　计	100

白名单模型 6 项指标满分 100 分，40 分以下的商户不满足准入条件。除此之外还有 3 条准入规则：1）商户近 1 年连续 1 个月没有 POS 流水不准入；2）商户主年龄小于 18 或者大于 60 不准入；3）行内有法院冻结个人和企业账户不准入。

风险模型中需要考虑的指标较多，包括行内数据和征信报告，因此我们先利用无监督模型筛选出信息量较大的指标，再交给行内业务专家赋予权重。这里选用 PCA 方法，将原始特征大宽表分解为多个主成分，计算出原始指标对于主成分的贡献度并排序。本项目中选择出 27 个指标作为风险模型最终的入模变量，其中排名靠前的变量包括逾期贷款金额占比、逾期贷款笔数占比、经营贷款连续欠款次数最大值等，都是与商户主信用风险相关联的强变量，符合行内业务专家的经验认知。利用 PCA 计算指标权重的 Python 代码如下：

```
1  def pca_weight_calc(data,scale=True,threshold=0.8,random_state=0):
2      '''
3      利用主成分分析法计算权重
4      input:
5      data: dataframe，样本的指标数据
6      scale: bool，是否归一化，默认True
7      threshold: float，主成分累计方差贡献度阈值，默认为0.8
8      random_state: int，随机参数，默认为0
9      ouput:
10     weight: dataframe，指标权重
11     '''
12     data_std = data.copy()
13     if scale:
```

```
14      scaler = MinMaxScaler()
15      data_std = scaler.fit_transform(data_std)
16      data_std = pd.DataFrame(data_std,index=data.index,columns=data.columns)
17      #确定主成分个数
18      pca = PCA(random_state=random_state)
19      pca.fit(data_std)
20      component_num = np.where(pca.explained_variance_ratio_.cumsum()>
        threshold)[0][0]+1
21      #计算主成分系数
22      pca = PCA(n_component=component_num,random_state=random_state)
23      pca.fit(data_std)
24      data_pca = pd.DataFrame(pca.components_,columns=data.columns).T.abs()
25      singular_value_root = np.sqrt(pca.singular_values_)
26      data_pca = data_pca/singular_value_root
27      #计算权重
28      variance_ratio = pca.explained_variance_ratio_
29      weight = (data_pca*variance_ratio).sum(axis=1)/np.sum(variance_ratio)
30      weight = weight/np.sum(weight)
31      weight = pd.DataFrame(weight,columns=['weight'])
32      return weight
```

额度模型是在风险模型基础之上，综合考虑商户的经营状况、行业风险、地域风险以及行内的贷款政策，给予每个商户的授信额度。POS 贷额度模型如下：

$$授信额度 = \min(10000 \times POS 月均交易金额系数 \times 行业额度调节比例 \times 地区额度调节比例 \times 风险评分 //1000 \times 1000, 额度上限) \tag{9-1}$$

其中 POS 月均交易金额系数根据商户月均 POS 流水所处的分位点对应 0～10；行业额度调节比例根据商户 POS 机对应的 mcc 码，高风险行业对应 0.8，中风险行业对应 1，低风险行业对应 1.2；地区额度调节比例根据商户 POS 机的开户行，省内市区对应 1.2，省内县区对应 1；风险评分就是前面介绍的风险模型对于每个商户的风险评估概率，处于 0 与 1 之间；授信额度最小 1000 元，业务前期行内设定的单个商户授信额度上限是 10 万元。

9.1.5 模型应用

我们结合图 9-2，来介绍下 POS 贷模型与行内系统的结合，以及后续线上的应用方式，其中数据仓库 POS 流水、数据仓库商户主信息、手机银行、征信系统、信贷系统是行内已有的系统和数据，白名单模型、决策引擎、风险模型、额度模型、贷后监控模型是项目方搭建的模型，白名单、风险分、额度、贷后监控数据是模型的输出，客户申请时数据补录商户号、终端编码是商户主在申请贷款时需要补录的信息。

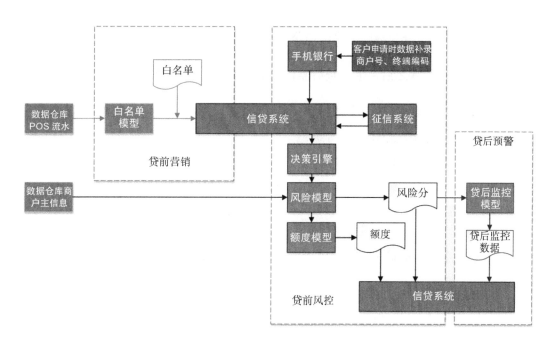

图 9-2　POS 贷自动审批流程图

首先是贷前获客环节：

1）白名单模型月频度从数据仓库提取全量商户 POS 流水数据，生成白名单推送给信贷系统；

2）信贷系统将白名单数据推送给前端，由前端手机银行进行营销推广。

然后是商户主申请贷款之后，进入贷前风控环节：

1）商户主在前端手机银行填写申请信息（补录商户号、终端编码），前端将之传输给信贷系统，这一步的目的是打通行内商户数据、商户主数据以及 POS 机数据；

2）信贷系统将客户补录数据和征信数据实时提供给决策引擎过风险规则库，这里的规则库主要是商户主是否有过被执行、行政处罚、欠税记录和严重逾期等；

3）通过决策引擎后，实时数据进入风险模型，与 T+1 更新的数仓数据结合，形成商户风险评分；

4）额度模型利用实时数据、T+1 数仓数据和风险评分，形成商户授信额度；

5）商户风险评分与额度提供给信贷系统，以供其进行后续的放贷流程。

商户主获得贷款之后，进入贷后监控环节：

1）商户风险评分按季度跑批，作为基础数据，提供给贷后监控模型监测其变化，根据分数变化情况给出预警等级；

2）对于贷后表现良好的商户，向信贷系统提供建议调整额度的商户名单以及额度调整比例。

9.2 汽车金融 CP 评级

本章第一个案例中，银行通常只会选取一部分信用较好的头部企业授信，并且可以通过查询征信报告和调用企业外部数据等方式，夯实自己的风控策略。而更多的非银行机构，由于贷款利率上的劣势，并不能吸引到头部企业来平台申请贷款，如何通过数据和模型的方式从腰部企业中筛选出优质资产，成了他们最紧迫的问题。本章第二个案例是一家头部汽车金融公司，介绍了它如何利用营运车生态内的数据，为与其合作的汽车租赁公司提供信用评级和贷款服务。

9.2.1 案例背景

汽车租赁公司（Car Partner，CP）是营运车生态圈中的重要节点。目前市面上超过 90% 的营运车司机通过 CP 公司的租赁服务取得汽车的使用权，这种资源共享的模式大幅度降低了营运车司机的前期投入和准入门槛，带动了整个营运车行业的蓬勃发展。行业的发展又反哺上游的 CP 公司，使这些企业有了更强的融资购车需求。本项目中,某头部汽车金融公司通过授权的方式,获得了与其合作 CP 公司下属车辆和司机的数据,希望通过这些 C 端数据为 2800 家 CP 公司建立 B 端评级模型,并联合银行进行贷款服务。

9.2.2 原始数据 & 特征工程

由于数据安全的原因,这里简单介绍下在 CP 评级模型中使用的原始数据和衍生特征。原始数据包括车辆基本信息、司机基本信息和司机营运订单这三部分数据源,衍生出 107 个特征,覆盖车辆数、车辆价值、车辆稳定性、司机数、司机经营状况和司机稳定性这六大类。其中车辆数和司机数指向公司的规模,车辆价值和司机经营状况反映了公司的盈利能力,车辆稳定性和司机稳定性主要说明了公司经营的持久性和长期发展。基于这些核心 C 端数据,我们可以大致刻画出 B 端企业的信用区间,后期加入企业主信息和企业关联数据,就能够比较全面地评估企业的信用等级。CP 评级模型指标体系如表 9-3 所示。

表 9-3 CP 评级模型指标体系

一级大类	二级大类	数 量
车辆情况	车辆数	8
	车辆价值	12
	车辆稳定性	10
司机情况	司机数	12
	司机经营状况	35
	司机稳定性	30

9.2.3 模型训练

在模型搭建过程中,对于近 30 天内完单车辆数小于 20 的 CP 公司,我们认为公司本身规模太小,即使目前经营状况良好也存在较大的系统性风险,后期不会给这些公司提供评级和贷款服务,因此在建模前将这些样本剔除。将满足规模的 CP 公司样本按照 7:3 随机划分为训练集和测试集,在训练集上搭建模型,并在测试集上评估模型的区分度 KS。评级模型由定性和定量两部分构成，其中定性模型根据小微企业评级专家的业务经验，选择重要的指标并赋予权重，负责 B 端模型的可解释性；定量模型由模型团队构建，利用无监督或者半监督的方式计算出评分，负责 B 端模型的区分度；定性和定量两个模型的结果按照 3∶7 加权，得到最终的 CP 评级。

本项目中确认的 CP 公司坏样本较少，主要是已经发生严重逾期或者资金涉及 P2P 的总数不超过 20 个，因此首先模型团队尝试了无监督算法，这里采用熵权法。熵权法是基于熵的概念，指标的熵越大则说明其信息量越大，对应的权重也越高。通过计算熵值我们筛选出 15 个排名靠前的变量，并且根据公式将熵值映射成权重，最终得到无监督模型。在测试集上评估模型的 KS 在 0.4 左右，勉强可以接受；但是分数区间集中在 [580,620]，没有办法有效地划分出高风险和低风险的公司，说明模型需要进一步优化。熵权法的 Python 代码如下。

```
 1  def entropy_weight_calc(data,scale=True):
 2      '''
 3      利用熵权法计算权重
 4      input:
 5      data: dataframe, 样本的指标数据
 6      scale: bool, 是否归一化, 默认True
 7      output:
 8      weight: dataframe, 指标权重
 9      '''
10      data_std = data.copy()
11      if scale:
12          scaler = MinMaxScaler()
13          data_std = scaler.fit_transform(data_std)
14          data_std = pd.DataFrame(data_std,index=data.index,columns=data.columns)
15      #计算信息熵
16      k = 1/np.log(len(data_std))
17      data_std = data_std/data_std.sum(axis=0)
18      data_std = data_std*np.log(data_std)
19      data_std = pd.DataFrame(np.nan_to_num(data_std),index=data.index,
          columns=data.columns)
20      entropy = -k*(data_std.sum(axis=0))
21      #计算权重
22      weight = (1-entropy)/np.sum(1-entropy)
```

```
23        weight = pd.DataFrame(weight,columns=['weight'])
24        return weight
```

为了拉开模型的评分区间，模型团队考虑将无监督优化到半监督，提升模型的区分度。做法也很简单，先利用熵权法建立的模型给所有样本打分，选取分数较低的样本扩充到已有的坏样本中凑够 100 个，再基于这 100 个坏样本建立逻辑回归模型。这种半监督方式的优点在于，既能通过无监督模型筛选出潜在的坏样本，使坏样本的类型更丰富，又能利用有监督模型准确地捕捉潜在和已有坏样本的共同特性，最大限度提升模型的预测能力。优化后的无监督模型在相同测试集上 KS 提升到了 0.5，并且分数区间被拉大到 [520,660]，方便业务人员筛选出头部和尾部的 CP 公司。

9.2.4 模型评估

我们在相同的测试集上，对比无监督模型和半监督模型的准确性（AUC）、区分度（KS）和稳定性（PSI），汇总如表 9-4 所示。

表 9-4 CP 评级模型无监督和半监督效果对比

评估指标	无监督模型	半监督模型
训练集 AUC	0.8392	0.8171
测试集 AUC	0.7570	0.7739
训练集 KS	0.5628	0.5139
测试集 KS	0.4301	0.4960
训练集 VS 测试集 PSI	0.0307	0.0122

由表 9-4 我们可以看出，加入逻辑回归之后，整个模型的评分结果变得更加稳定，并且在测试集上 KS 绝对提升了 6 个点，说明半监督的结构确实能够很好地优化模型效果。

对于企业评级，很重要的一个验证模型结果的方式就是线下尽调。笔者也与业务人员一起，从所有样本中抽取了两家分数较高和一家分数较低的 CP 公司，进行了实地走访。可喜的是从调查结果来看，我们模型预测的分数高低与企业实际经营状况较为吻合，也从侧面反映出该 CP 模型对于企业信用评估具有一定的参考意义。三家 CP 公司的企业画像如下：

- 高分公司 A 的负责人具有十多年汽车行业经验，最早从事二手车买卖起家，因此在新车购置和老车处理上具有先天的渠道优势，从指标上体现出来就是该公司的车辆数和总价值较高，并且一年内新车占比较大；
- 高分公司 B 是由几位经验丰富的营运车司机合伙创立的，这家公司的特点在于合伙人都有二十到三十年营运车接单的实际经验，能够给予下属司机比较好的指导，并且对于司机的招募比较有心得，因此这家公司司机的平均收入和服务评价都是最高的；
- 低分公司 C 的负责人主业是开办驾校，成立汽车租赁公司只是为了提高下属汽车的使用率，因此该公司司机的活跃度和完单情况都较差，企业主已经产生实际亏损。

9.3 案例优化

总结上述两个小微企业信贷风控案例，我们可以发现企业评级项目仍然存在贷后表现样本少、数据获取不全面等问题，导致在目前这个阶段，完全脱离专家经验而依赖智能模型是不可行的。贷后表现样本少可以通过时间来积累，而对于企业数据获取困难，未来可以从如下几个方面进行优化。

（1）大数据

现阶段企业级的数据仍然是一个个"孤岛"，并没有像个人数据一样完全打通，这使得企业评级存在信息不对称的问题，评级机构往往无法了解企业真实的经营状况。好在这一情况在未来几年内有望得到改善，目前行业内税收系统和财务系统的巨头们已经开始了底层数据治理的工作，如果未来税收数据和财务数据能够建立起一个合规的开放平台，想必对于企业评级的数据源是一个极大的补充。

（2）关系图谱

由于企业之间的关联关系，企业信贷业务极易因为行业的系统性风险而出现大面积坏账的现象，因此在企业授信的时候供应链的上下游关系也是重要的考察因素，在供应链中处于核心地位的企业抗风险能力通常较高。基于公开数据和实地走访数据搭建企业级的关系图谱，利用先进的图算法可以量化行业的系统性风险。

（3）AI

目前对于企业信息的搜集还依赖于线下业务人员的尽调，这些工作费时费力，还存在着线下人员与企业主勾结造假的道德风险。借助 AI 技术，或许在不久的将来可以实现小微企业的智能化尽调工作，例如通过计算机视觉技术实时采集企业的经营状况和场地情况，将这些非结构化的视频和图片转化成结构化的指标和报告；再例如通过自然语言处理技术解析企业在网络上的所有信息，实现舆情的智能分析。

9.4 本章小结

本章在前两章 C 端案例的基础上，补充了银行 POS 贷和汽车金融 CP 评级两个 B 端风控案例，帮助大家对智能模型的应用有个更全面的认识。在银行 POS 贷案例中，由于是个冷启动问题，项目组主要利用 Delphi 法和 PCA 权重法，从无监督算法的角度帮助行内专家筛选出重要特征。而在汽车金融 CP 评级案例中，项目组围绕熵权法，比较了无监督算法和半监督算法的效果差异，并且对于半监督模型的预测结果进行了线下尽调。通过上述两个案例可以看出，对于小微企业信贷风控场景，智能模型在现阶段尚不能完全替代业务专家，未来需要从数据和算法的角度进一步优化。下一章是全书的最后一章，我们将从金融机构内部走向外部，看看智能风控模型如何对外输出，助力金融行业的智能化升级。

第 10 章

智能风控能力对外输出

随着近年来互联网贷款业务的蓬勃发展，行业内的头部金融机构和技术提供商都已经沉淀了一套较为完整的风控体系，围绕贷前、贷中、贷后实现全链路覆盖。在满足内需的同时，这些头部玩家也逐步将自身的风控能力对外输出，以科技的方式赋能行业内的中小玩家和其他行业的传统机构，带动国内金融领域的智能化升级。

10.1 对外输出的意义

与内部自建风控相比，将这些能力对外输出是一件看似性价比很低的事情。首先在合作初期双方缺乏了解，这就带来了较高的沟通成本，服务方和采购方要明确项目需求，并且拉齐工作范围和既定的目标。在实施阶段，服务方需要花费时间和人力对采购方的业务和技术现状进行摸底，给出定制化的解决方案，确认后进行远程或者驻场开发。最后是交付阶段，双方需要联调测试，如果项目上线初期效果较差，还要及时跟进和优化。既然对外输出障碍重重，这些头部机构为什么还要致力于开展金融科技业务呢？原因可以从"走出去"和"引进来"两个方面来阐述。

10.1.1 内部能力"走出去"

对于各家机构来说，风控能力对外输出最大的驱动力还是技术变现。据不完全统计，截止到 2018 年年末，我国互联网贷款余额已经超万亿，除了少部分持牌机构可以正式开展贷款业务以外，切入这个万亿级市场最好的方式就是成为技术提供商。目前行业内常见的技术提供商收费方式有两种：第一种是第三方数据提供商，按照 API 的调用量收费，每次收取 0.1 元到 2 元的费用；第二种是互联网巨头，与持牌机构合作开展流量和技术合作，每发放一笔贷款从收入中分成 20%～30%。如果与头部的持牌机构合作，这两种模式都能为技术提供商带来不菲的收益。以行业内某家较早开展数据服务的提供商为例，根据其非公开的一份股权投资建议书中披露，这家公司整个 2018 年信贷类数据产品的付费调用量达 22.87 亿次，平均调用单价 0.21 元，其中贡献最多的一家金融机构为其贡献了 2695 万元。

除去技术提供商和互联网巨头们对外输出风控能力赚取利润，处于食物链顶端的金融机构也陆续成立科技子公司，从事金融科技业务。对于这些银行系的科技子公司来说，盈利并不是首要目的，其意义在于整合集团内部科技资源，赋能生态圈内更多的机构，其中典型的案例是光大科技。背靠中国唯三（另外两家是中信和平安）的金融全牌照集团——光大集团，光大科技成立伊始就围绕提升集团现代化管理能力、"集团+互联网"以及"互联网+创新"这三大任务，赋能集团内银行、保险、证券等传统金融机构，并且辐射光大集团大健康、大旅游、大环保、新科技的"三大一新"产业模块。目前光大科技已经相继推出面向企业间资源共享的生态协同平台、适用于多个场景的阳光评分等产品。

10.1.2 外部资源"引进来"

风控能力对外输出不但可以"走出去"，实现盈利和赋能，也可以将外部资源"引进来"。对于头部互联网公司，对外输出意味着可以抢占更多外部的流量入口，从而吸引更多的资金方联合放贷，并且提高自身的估值。2020 年的"618 大促"，京东白条开展了有史以来最大规模的支付拓展活动，为多点、嘀嗒、网易云音乐、迅雷、爱奇艺等外部线上平台提供信用分期服务，还同时覆盖了超过 200 个城市的

15000个线下店铺。京东白条这种直接与场景方合作的模式,可以主动筛选出优质客户,在提高资产规模的同时控制住了风险。无独有偶,蚂蚁金服旗下的芝麻信用和花呗也连接了商家与资金方,用户可以凭借自身的"芝麻分",在商家享受信用购、信用租、信用住等服务,并且有花呗额度作为担保;而冻结的花呗额度,来自与蚂蚁金服合作的上百家银行、信托、消费金融公司。

金融机构受制于传统商业银行组织架构的约束,IT部门的创新能力低下,在大数据和人工智能的浪潮中已远远落后于互联网公司。通过成立科技子公司,银行希望能够以更加市场化的管理方式,吸引更多的人才和技术,打破金融机构技术能力较为薄弱的现状。例如国内成立最早的银行系金融科技公司兴业数金,就率先引入了外部股东,包括综合支付解决方案服务商福建新大陆、银行IT解决方案服务商高伟达软件和金融证券软件开发商深圳金证。这些小股东正好弥补了大股东兴业银行在支付、证券、IT系统方面的短板,使兴业数金能够打造行业云,为上百家中小银行、非银行机构、中小企业提供金融信息云服务。

10.2 头部玩家介绍

从2010年国内金融科技行业进入爆发期算起,截止到2020年,正好是这个行业最为黄金的十年。回顾这十年,诞生了很多金融科技独角兽公司,有的估值千亿美元,有的已经上市。根据股东背景,笔者将这些公司大致分为三类,互联网公司、银行科技子公司和第三方技术提供商,每类中选取几个头部玩家,简述下它们的发展历程和风控能力对外输出方面的特色方案,帮助大家更好地了解整个行业。

10.2.1 互联网公司

1. 蚂蚁金服

蚂蚁金服成立于2014年10月,是阿里巴巴集团旗下的小微金融服务集团,前身是2004年成立的支付宝。截至目前,蚂蚁金服已经完成9轮融资,估值1500亿美元，是全球最大的独角兽公司，旗下包括网商银行、蚂蚁花呗、蚂蚁借呗、芝麻信用等多个信贷和征信模块。蚂蚁金服最早以金融业务起家，但随着 2019 年 9 月《金融控股公司监督管理试行办法》的出炉，作为首批试点公司的蚂蚁金服，势必需要逐步剥离金融板块，突出自己的科技属性，以一家金融科技公司撑起自身的高估值和完成 IPO。

整个蚂蚁金服风控体系中，芝麻信用无疑是最核心的产品，覆盖了阿里体系内外上百个机构和场景，为合作方提供信用评级服务。芝麻信用由身份特质、行为偏好、履约能力、信用历史和人脉关系这五大维度构成，分值范围从 350 分至 950 分，分值越高则说明个人信用越好，通常 700 分以上属于信用极好，能够享受大部分阿里体系内的信用类服务。芝麻信用背后的数据源主要来自电商、金融、公安、公共服务和合作伙伴，用户通过授权的方式可以查询自己最新的信用评分。由于个人征信合规的要求，蚂蚁金服目前已经不对外部机构直接开放芝麻信用的 API 服务，而是升级为"芝麻 go"，以信用产品的方式对外赋能。

蚂蚁金服另外两款国民级信贷产品花呗和借呗，也是集团风控能力对外输出的载体，连接了资金端和资产端。蚂蚁花呗是一款消费分期类贷款产品，用户可以预支花呗授予的额度，在淘宝、天猫以及部分外部商家享受"先消费、后付款"的购物体验。蚂蚁借呗则是一款个人现金类贷款产品，基于用户的芝麻分提供信用贷款，最高可以分 12 个月还清。目前花呗和借呗累计放款金额超万亿元，与上百家银行、信托和消金公司有合作。蚂蚁金服与机构合作的方式是，蚂蚁金服在后端生成白名单客户分发给各家机构，并且深度参与到获客、风控、催收等环节中；而对于前端借款人来说，只能看到资金来源是蚂蚁旗下的放款主体，机构方名称不会透出。当前监管部门对于联合贷实际放款方的风控能力要求日趋严格，在此情况下，蚂蚁金服也通过阿里云扶持资金方自主风控能力的建设。

2. 京东数科

京东数科的前身是京东金融，最早成立于 2013 年 10 月，是从京东集团内部孵化出来的金融业务部门，最初的定位是服务京东商城内的金融需求。经过 3 年的发展,京东金融构建了消费金融、供应链金融、金融科技等一系列业务板块,打造了一个涵盖京东体系内外的金融生态圈,并于 2017 年 6 月分拆出京东集团的财报,实现了真正意义上的独立运营。京东金融是业内首家推出消费分期产品的互联网公司,也是首家提出去金融化的金融科技公司,在 2018 年 11 月品牌正式升级为京东数科,推动"金融回归金融,科技回归科技"的目标。

京东数科定位科技公司,以数据科技为核心竞争力,致力于将基于数据的金融服务能力对外输出,在 2018 年 3 月推出业内首个零售信贷全流程产品"北斗七星"。"北斗七星"包括信贷平台、量化营销、智能身份识别、智能信贷系统、大数据风控、ABS 资产云工厂和风险运营七大模块,提供了获客、反欺诈、风控、贷后管理、资产处置的一站式解决方案,旨在解决中小银行获客难、审批效率低、资金利用率低的痛点。"北斗七星"首批合作 30 家银行,上线以来为合作银行零售信贷用户量带来近 300% 的增长。具体拿"北斗七星"中的大数据风控模块来说,通过联合建模和 SaaS 服务,以模型和客户画像的方式,打通银行数据和京东体系内外数据,帮助合作方提升风控能力。从效果上来说,大数据风控模块帮助合作方在信贷审核效率方面提高 10 倍,客单成本降低 70%,授信白名单扩充 1 倍。

3. 微众银行

微众银行成立于 2014 年 12 月,是银监会核准的国内首家民营互联网银行,其背后最大的单一股东是腾讯集团。微众银行以"个存小贷"作为业务定位,没有实体的营业网点和柜台,而是为客户提供纯粹的线上服务。依托腾讯 10 亿微信和 QQ 用户,微众银行在 2015 年 5 月推出首款互联网小额信贷产品"微粒贷",截至 2019 年年末累计放款额 3.7 万亿元,为 600 座城市超过 2800 万客户提供了贷款服务。"微粒贷"能够做到如此规模,与其背后的"连接"模式密不可分。通过联合贷款平台,合作银行提供大部分资金,微众银行提供少量资金和风控服务,实现利润与业务规模的快速增长。

除了用"微粒贷"开创了联合贷款的产品模式,微众银行在风控对外输出方面有着另一个开创性的贡献,那就是联邦学习解决方案。在金融领域的建模问题中,常常会面对数据质量差、缺乏标签数据、数据分散隔离等痛点，联邦学习的出现让建模人员有了解决这些问题的办法。由杨强教授带领的微众银行 AI 团队将联邦学习分为三类，分别适用于不同的金融场景：第一类是横向联邦学习，两个机构特征重合度高，但是各自样本量较小，例如反洗钱模型；第二类是纵向联邦学习，两个机构样本重合度高，但是特征差异较大，例如信贷风控联合建模；第三类是联邦迁移学习，针对两个机构在特征和样本上重合度都不高的情况，目前实际工业中的应用还在进一步开发。联邦学习背后的核心技术是同态加密，在不泄露原始数据的前提下，保持了机器学习和深度学习模型的计算结果。2019 年 1 月，微众银行 AI 团队开源了联邦学习平台 FATE；2020 年 5 月，团队出版了国内第一本联邦学习教科书《联邦学习》。

10.2.2 银行科技子公司

1. 金融壹账通

平安集团旗下金融壹账通成立于 2015 年 12 月，于 2019 年 12 月在纽交所上市，市值 36 亿美元，是国内首个成功上市的银行系科技子公司。截至 2019 年年末，金融壹账通共有 3707 家客户，涵盖 6 大国有银行、12 家全国股份制银行、99% 的城商行和 46% 的保险公司，是国内客户数最多的面向金融机构的商业科技云服务平台。围绕其母公司平安集团最为擅长的保险、银行和资产管理三大金融领域，金融壹账通对外提供 12 大端到端的解决方案，帮助金融机构提升获客、风控、客服和运营能力。

在金融壹账通的官网上，我们可以看到与风控和反欺诈相关的两个案例。第一个案例是端到端零售银行业务风险管理解决方案在西北地区一家商业银行的落地。金融壹账通向该银行提供了风险管理、贷后监控、资产负债管理等 8 个模块，帮助其推出并扩大了网上银行服务。从 2017 年至 2018 年，该银行客户数量增加超过 3 倍，贷款发放额增加超过 5 倍，其中 2018 年零售贷款总额的 50% 通过金融壹账通的解决方案产生。第二个案例是与一家全国性保险公司一起打击汽车保险索赔欺诈。过去该公司面临虚假或夸大索赔的问题，汽车保险中的理赔损失成本高。2018年下半年，该公司采购了金融壹账通汽车保险运营和服务的解决方案。从2019年第三季度的统计来看，采用方案后该保险公司的理赔损失成本减少人民币4400万元，同期赔付率从2017年的53.0%下降到2018年的50.3%。

2. 建信金科

建信金科是建设银行旗下的全资子公司，成立于2018年4月，注册资本16亿元，定位"赋能传统金融的实践者、整合集团资源的链接者及推动银行转型的变革者"。建信金科是国内首家由国有银行成立的金融科技公司，也是银行业内第一家真正以金融科技命名的公司。

建信金科的母公司建设银行一直在银行业的科技创新中走在前列，2017年，在四大国有银行和互联网公司合作的浪潮中，建行选择与阿里巴巴、蚂蚁金服签署战略合作协议。成立金融科技公司，也是旨在通过科技手段更好地增强母行实力。建信金科初期规模3000人，来自总行直属的7个开发中心和1个研发中心，由银行内部IT团队转型而来。

建行科技团队在金融科技领域最为创新的实践案例当属无人银行。无人银行基于建行自建的8000多万张人脸数据库，每天新增40万张。目前建行有14000多个网点和2900个自助银行，人脸识别技术已经覆盖识别客户到身份核验的全流程，针对500元以下取款刷脸输入手机号即可。人脸识别技术在银行业中的深度应用，除了可以给办理业务的客户带来更加快捷的体验，更重要的是提升了银行的安全等级，防范身份冒用等案件的发生。建行第一家无人银行于2018年4月在上海开业，后续还会有更多在无人银行方面的尝试。

10.2.3 第三方技术提供商

目前国内头部的第三方技术提供商发展历程都较为类似，总结来说，都是从早期提供数据，近几年转型为提供全流程的信贷风控解决方案，再到未来与金融机构或者政府深度合作。

数据层面，这些头部提供商起步较早，并且与业内绝大多数金融机构都有合作，从而积累了覆盖全网的黑名单库，包括虚假号码、通信小号、代理 IP、作弊设备、垃圾邮箱、身份证黑名单、手机号黑名单等。同时它们有一套成熟的设备指纹技术，能够生成稳定且唯一的设备 ID，准确识别模拟器、作弊工具、root 等各类作弊行为。在风控方面，这些公司既有云端的标准化评分和策略产品，也有底层上千个指标，覆盖银行、P2P、小贷、现金分期、消费分期、代偿等多个场景的多头数据，支持定制化的联合建模开发。

在数据合作的基础上，这些头部提供商通过多年业务经验的积累，沉淀了一套贯穿贷前、贷中、贷后的全流程信贷风控解决方案，实现云到端的连接，赋能银行和保险客户。某头部公司为银行客户提供贷前识别欺诈客户风险、准确评估申请人、贷中实时动态监控预警、贷后有效触达的服务，支持云风控平台和本地化风控两种方案，同时也为保险公司提供精准的客户画像和客户信息管理，并构建分层营销方案。

数据和解决方案能够为这些头部提供商带来短期利润，为了公司的长期健康发展，它们还需要进一步与金融机构或者政府深度绑定。另一家头部机构就与杭州和唐山市政府合作，共建中小微企业综合金融服务平台，助力本地普惠金融事业的开展。该公司还入围了首批国家信用体系建设单位，与国家信息中心达成信用共享协议，并且与杭州等城市合作探索市民信用评分机制的应用。

10.3 合作模式及案例

从上面列举的头部玩家来看，目前风控能力对外输出的内容主要集中在系统、数据、模型和场景这几个方面，如图 10-1 所示。系统是风控能力的载体，无论是互联网、银行还是技术提供商都需要这部分的底层能力；数据是风控的基础，掌握了某一个独家数据源，就可以切入金融科技行业，很多第三方技术提供商都是以数据服务起家；模型是风控能力的核心，围绕模型才能够打造一整套的风控解决方案，目前模型实力最强的还是头部的几家互联网公司；场景是风控能力最终落地的环节，也是互联网贷款业务中信贷客户的流量入口，掌握了优质场景也就掌握了整个风控链路的话语权，一切的系统、数据和模型都是为最终场景方服务，目前互联网贷款的优质场景还是掌握在银行渠道，互联网公司通过外部合作也正在开拓更多优质的线上场景。要将这么多风控能力整合在一起，头部的金融科技公司必须有一套完整的对外合作模式，目前常见的合作模式有 SaaS、本地化和 SaaS + 本地化这三种。

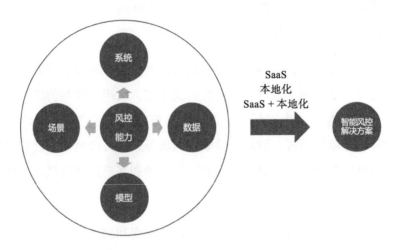

图 10-1　风控能力对外输出内容和模式

10.3.1　SaaS + 本地化模式

SaaS（Software-as-a-Service，软件即服务）是金融科技公司最早对外提供风控服务的方式，SaaS 模式最大的优势是使用成本低廉。对于服务方来说，公司只需要将自己全套的风控解决方案部署在公有云上，技术人员维护和迭代公有云上的这一套系统即可，免去了多线程开发的问题。对于使用方来说，只需要通过 API 调用的方式就可以享受到全流程的风控服务，无须担心安装和维护系统的问题。早期的数据和模型产品，例如蚂蚁芝麻分、京东玉衡分，都属于 SaaS 模式。SaaS 模式有诸多益处，但是由于监管对于数据安全和自建风控能力等方面的要求，这种模式并不适用于所有应用场景，本地化模式的需求应运而生。

本地化模式是指服务方将自身风控能力通过私有云的方式部署在使用方的系统

环境内，可以是行内数据中心的防火墙内，或者是安全的托管主机。在私有云的条件下，使用方可以放心地使用第三方的模型和系统服务，而不用担心数据泄露等问题。但是，私有云的方式也阻断了使用方与外部方之间的数据交互，并且极大地增加了服务方的后期维护成本。

目前头部的金融科技公司最主流的合作模式是 SaaS + 本地化，这是一种结合了公有云便捷性和私有云私密性的混合云部署模式。简单来说，资方通过外部渠道获得的申请客户会先利用公有云上的外部数据和模型进行一次风控准入，通过一次风控的客户再利用私有云上的行内模型和策略进行二次风控，这样打通了行内外的数据和模型能力。

10.3.2 对外输出案例

我们以业内一家头部金融科技公司的智能风控解决方案为例，来深入了解风控能力对外输出具体包括的内容和模式。

这套风控解决方案包括 SaaS 和本地化两部分，其中 SaaS 部分提供云端的风险识别、风险监控及预警，本地化包括信贷系统、流程引擎、决策引擎和模型平台等功能。其中 SaaS 和本地化模块都可以解耦使用，SaaS 模块针对所有银行和互联网贷款客户，本地化模块则针对自身风控能力较弱的城商行、农商行以及小贷公司。整体服务框架如图 10-2 所示。

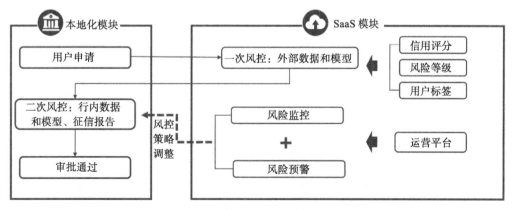

图 10-2 某头部金融科技公司智能风控解决方案服务框架

SaaS 模块的风险识别部分主要包括模型、策略和标签。其中模型是基于公司内外部数据以及历史积累的好坏样本搭建的 A 卡分；策略是公司输出的风险等级、多头等级、欺诈等级、建议额度和建议定价，都是以分段的形式呈现的；标签是 40 个客户画像，涵盖忠诚度、活跃度、消费能力、潜力等级等 9 大维度。对于资方来说，可以在风险识别部分选择一个或多个内容，在云端配置定制化策略进行一次风控。以某家城商行为例（如图 10-3 所示），基于 2017 年 11 月授信用户 9 个月内 M1+，模型 KS 达到 0.38，M1+ 逾期率随着分数上升显著下降，因此选择 A 卡分大于 640 作为云端准入策略。

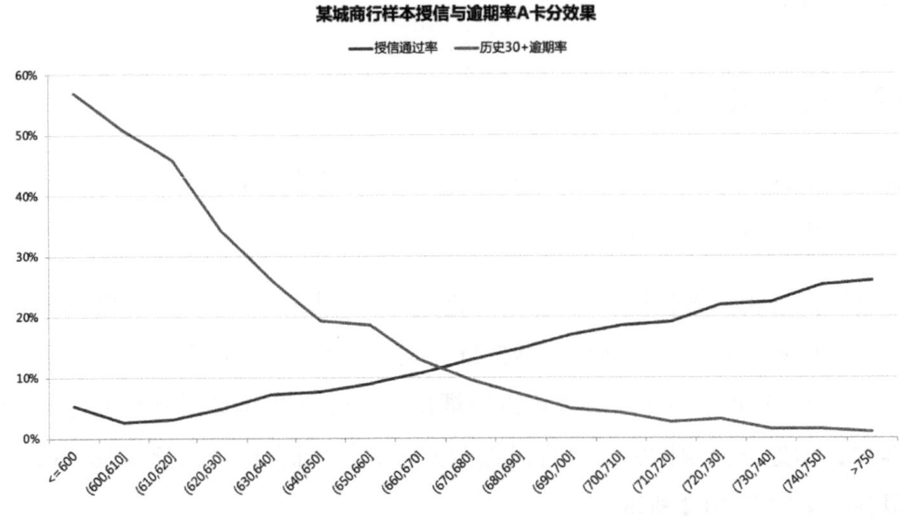

图 10-3　某城商行样本测试 SaaS 模块 A 卡分效果

SaaS 模块的风险监控及预警提供多个维度的服务，帮助资方在开展信贷业务过程中跟踪运营、风险等多方面指标，并且提前发现未来的逾期行为，包括运营分析、风险分析、模型分析、风险预警和指标评级。运营分析帮助资方从申请、提现、时效、漏斗等多个角度进行分析，实现业务的精细化运营；风险分析从账龄、滚动率等方面，准确评估信贷资产的实际逾期情况；模型分析监控了模型跨时段的 AUC、KS 和 PSI，以及不同分数区间内的通过率、平均额度、平均利率，判断模型的效果及稳定性；风险预警利用贷中模型提前预测信贷资产未来的逾期情况，供资方提前调整策略；指标评级结合关键的运营指标和风险指标，给出资方在平台使用者中的排名及改进意见。风险监控示例如图 10-4 所示。

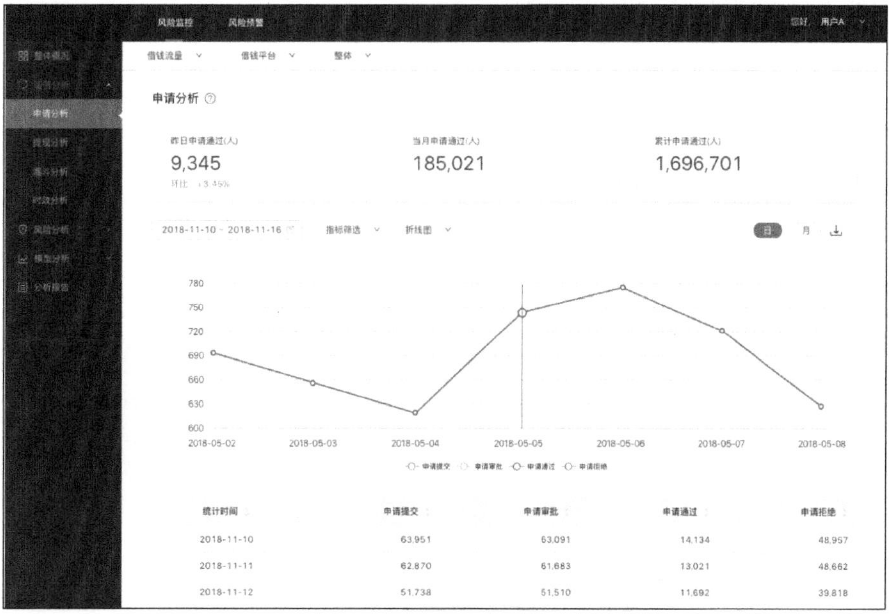

图 10-4　SaaS 模块风险监控示例

本地化模块帮助资方建立自身的风控能力，利用征信报告和行内数据实现二次风控。其中信贷系统发起风控请求，并且返回最终的决策结果；流程引擎调取外部数据，编辑风控流程，调取模型和决策引擎；决策引擎部署行内征信规则，实现风险定价；模型平台部署行内风险模型和额度利率模型，返回模型结果。本地化风控系统的流程如图 10-5 所示。

10.4　金融科技创新与监管

本章的最后，笔者想聊一聊自己对金融科技行业中创新与监管的一些思考。不可否认，创新是金融科技公司的第一生产力，早期的"互联网+"模式将传统金融中的支付、贷款、保险、理财等业务搬到了线上，丰富与 C 端客户接触面、提升运营效率的同时，缔造了许多行业内的独角兽公司。然而，P2P 公司的良性退出、蚂蚁集团暂缓上市、小贷公司纳入银行监管体系等一系列事件的发生，已经证明了过去金融科技公司商业模式上的创新并不符合监管的要求，联合贷款、资产证券化等模式造成了过大的杠杆率和资金问题。

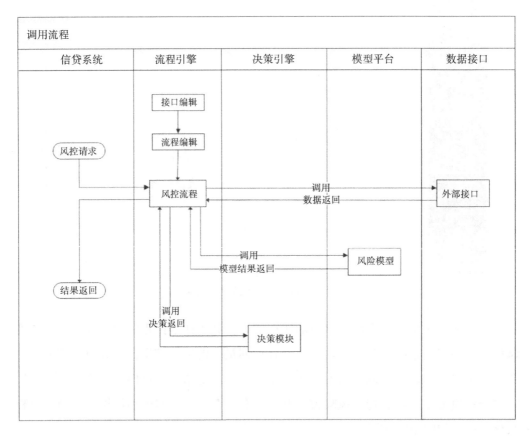

图 10-5　本地化模块风控系统调用流程

中银国际的一篇投研报告显示，金融科技公司需要从商业模式创新走向深度技术创新，数据与技术能够提供更为高效低廉的金融服务，这两个重要支点才是金融科技的核心驱动力。报告中还进一步指出了几个具有创新红利的技术方向，其中就包括与智能风控相关的大数据征信。我国人口基数庞大，参考美国个人征信市场规模，我国个人征信市场可以达到1000亿元的规模，而目前个人征信和企业征信总规模仅为20亿元，其中孕育着一个巨大的"金矿"。随着移动互联网的发展，个人及企业在大数据时代将会产生海量的结构和非结构化数据，其中非结构化数据也将在征信层面起到非常重要的作用。另外，借助大数据实时处理海量数据的能力，大数据征信将从静态系统升级为动态系统，从而涌现出新的应用场景。技术层面，除去机器学习和深度学习，用户行为学、心理测算学等新兴技术也会被应用到征信评估系统中，从而得出更为客观准确的评估结果。

监管层面，人民银行引入海外的"监管沙盒"模式，通过对必要的测试设立限制性条件和制定消费者权益保护措施，允许金融科技公司在真实的市场环境中，以真实的消费者为对象测试创新性金融产品、服务和商业模式，金融监管当局会对测试过程进行监控并对情况进行评估，以判定是否正式在沙盒之外予以推广。笔者相信，随着金融科技公司向深度科技创新转型，以及国内监管部门对于监管科技的应用，国内金融科技行业能够进入更为健康持久的二次腾飞阶段。

10.5　本章小结

本章我们从金融科技的角度，介绍了智能风控能力对外输出方面的内容，主要包括对外输出的意义、头部玩家介绍以及具体合作案例。风控能力对外输出虽然不如机构自营业务利润率高，但是通过金融科技的方式，可以整合机构内外部资源，更重要的是可以突破自身流量或者组织架构的"天花板"。目前金融科技行业内的头部玩家可以分为互联网公司、银行科技子公司和第三方技术提供商这三类，其中模型能力是互联网公司的优势，优质的流量入口掌握在银行渠道，第三方技术提供商则主要从数据和系统的层面切入。这些头部玩家主要是通过 SaaS + 本地化的模式提供风控服务，这种模式能够在数据安全的前提下，打通提供方和采购方内外部的数据和模型能力。

推荐阅读